ANAÏS MALFILATRE

COUTURE ZÉRO DÉCHET *dans ma cuisine*

MANGO Green

Intro

Si vous avez fait l'acquisition de ce livre, c'est que vous êtes déjà convaincu(e) que nous devons modifier notre comportement et nos habitudes afin de réduire notre impact écologique. En effet, comme le rappelle l'astronome et philosophe Hubert Reeves « La Terre va très bien ! » : c'est simplement que notre comportement met en péril la vie en son sein, car si nous disparaissons demain, elle retrouvera vite son cours normal… Il ne s'agit donc pas de la sauver mais bien de refréner notre (sur)consommation pour éviter une catastrophe dont nous serions victimes, au même titre que le reste de la faune et de la flore qui peuplent notre planète.

Il existe bien des leviers pour réduire, à titre individuel, la production de nos déchets au quotidien. La couture est l'un d'eux : c'est un excellent moyen de remplacer les petits accessoires jetables et polluants par des alternatives « durables » en tissu, qui nous permettent de les laver et les réutiliser… sur plusieurs années pour certains ! Nul besoin d'être parfait pour estimer apporter notre pierre à l'édifice : si nous sommes nombreux à faire de petits efforts, notre impact sera déjà énorme !

Vous verrez, vous apprécierez vite la facilité avec laquelle vous changerez vos habitudes : les ouvrages proposés ici sont tous accessibles aux débutants, et leur utilisation est aisée. Pratiques et agréables, ces petits objets trouveront vite leur place dans votre vie quotidienne sans l'alourdir !

Bonne lecture, et surtout, bonne couture !

Anaïs

#ZDPOWER
WWW.COUTURADDICT.COM

Sommaire

Mode d'emploi

- Pour chaque projet, la page de présentation vous renseigne sur l'utilisation, les fournitures et métrages, le temps de confection et la difficulté de l'ouvrage. Vous y trouverez également un encadré concernant l'entretien qui vous explique comment laver ou entretenir vos créations, mais vous donne aussi des astuces couture, des déclinaisons possibles...

- Le pas-à-pas illustré permettra de compléter les explications décrites par des schémas, plus explicites pour les personnes visuelles.

La démarche zéro déchet

Si l'impact écologique concernant le nombre et le poids des déchets des accessoires écologiques ne peut être remis en question, on me demande souvent ce qu'il en est de l'impact écologique de ces mêmes accessoires concernant l'utilisation de l'eau et de l'énergie nécessaires pour les laver...

À ce niveau, il est légitime de se poser la question, car effectivement laver ces accessoires utilise :

- de l'eau
- de la lessive
- de l'électricité dont la production est polluante.

La réponse est donc une question de bon sens. En effet, si l'on souhaite optimiser l'utilisation de nos objets zéro déchet, voici ce que préconise l'ADEME (Agence de l'environnement et de la maîtrise de l'énergie) :

« Il est indispensable d'en optimiser l'usage et en particulier : laver dans une machine à pleine charge et de préférence à 60°C (au lieu de 90°c NDLR), utiliser une machine performante (classe A/AA), recourir à des lessives porteuses d'écolabel et ne pas la surdoser, sécher à l'air libre et éviter de repasser » les objets en question.

Vous trouverez dans cet ouvrage 11 projets que je vous propose de coudre pour remplacer les accessoires jetables de notre quotidien :

- **serviettes de table**
- **éponge lavable à multiplier (pour la vaisselle, une tâche sur le sol, la salle de bain, les toilettes...)**
- **essuie-tout lavable**
- **sac à vrac pour aller acheter vos produits en vrac sans être submergés par les emballages (fruits sec, pâtes, riz, sucre...)**
- **sac à salade : pour conserver au frigo votre salade non consommée une fois lavée**
- **sac à pain : pour conserver votre pain à l'abri de la lumière chez vous**
- **emballage sandwich : je suis sûre que vous allez les adorer ! Pour emballer vos sandwiches, c'est l'idéal : il s'adapte à la forme de votre encas. Carré, triangulaire ou baguette, la taille du scratch vous permet toutes les fantaisies...**
- **lunch bag**
- **filtres à thé**
- **filtres à café**
- **charlottes pour recouvrir vos plats et les placer au frigo (pour éviter l'aluminium et les films plastiques) !**

Dans ce livre, je vous détaille les types de tissus utilisés et leurs métrages, les accessoires de mercerie, je vous fournis les patrons ou vous explique comment les tracer, vous montre comment les coudre dans les pas-à-pas illustrés et vous donne également la bonne marche à suivre pour leur entretien et lavage.

Bienvenue dans l'aventure zéro déchet !

Le matériel

POUR COUDRE

- 1 découd-vite.
- 4 paires de ciseaux :
  > petit et fin pour les fils ;
  > grands et coudés pour le tissu ;
  > à cranter (lames biseautées) pour découper les marges de couture ;
  > basiques (de bureau) pour le papier.
- Des épingles à tête ronde ou des pinces ainsi qu'un pique-épingle ou un bloc aimanté pour les poser.
- Des aiguilles traditionnelles pour la couture à la main.
- Des épingles de nourrice et une aiguille à laine.
- Un mètre-ruban.
- Des canettes et une boîte à canettes pour les ranger.
- Une craie de tailleur ou un marqueur pour marquer les tissus foncés.
- Une table et un fer à repasser.
- Des bobines de fil à coudre (couleurs assorties à vos tissus).

POUR RECOPIER ET TRACER LES PATRONS

- Du papier calque ou papier translucide pour décalquer les patrons.
- Des stylos effaçables à la chaleur du fer, idéal pour tracer vos repères et les effacer ensuite.
- Des feutres pour enfants portant la mention « ultra lavable » pour tracer les patrons sur les tissus : les traces partiront à la machine à partir de 30°.
- Un rouleau de papier à dessin pour enfants (on en trouve dans les magasins de loisirs créatifs).
- Une grande règle de 40 cm et une équerre.
- Des rondelles en métal, à prendre au rayon quincaillerie des magasins de bricolage : pour lester vos patrons ! Prenez les plus grosses et les plus lourdes.
- Des pochettes A4 à pression ou des portes-vues pour ordonner vos patrons.

La machine à coudre

« Mieux vaut une bonne occasion qu'une neuve bas de gamme ! »

On imagine souvent qu'il vaut mieux investir peu lorsqu'on débute parce qu'« on ne sait jamais », si la couture ne nous plaisait pas, au moins on n'aurait pas « gâché » de l'argent.

Je n'ai pas la même vision des choses : lorsqu'on débute, on a plus que jamais besoin d'une bonne machine ! En effet, nous ne connaissons rien aux fonctionnalités, et aux normes d'une machine. Est-ce normal si le fil boucle ? S'il casse ? On a peur de tout : l'enfilage est un calvaire, changer une aiguille un sacerdoce... Une machine à coudre intuitive et fiable sera votre meilleure alliée pour débuter : elle sera plus facile à enfiler, causera peu de problèmes et votre apprentissage n'en sera que facilité. La couture est toujours plus facile avec une bonne machine à coudre !

Les marques Brother, Janome et Juki sont pour moi gages de confiance et de qualité. Alors si j'ai un conseil à vous donner : préférez une bonne machine d'occasion plutôt qu'une machine neuve de piètre qualité !

Quid des machines anciennes de la mamie ou de la grand-tante? Foncez si vous avez quelqu'un qui peut vous montrer comment elle fonctionne, et préférez la récupération à l'achat d'une neuve pas chère. Si personne ne peut vous accompagner dans la prise en main d'une machine ancienne (n'oubliez pas de la faire réviser : réglages, huilage...) peut-être vaut-il mieux se lancer avec une machine récente. Regardez bien la prise en main est intuitive et si elle possède certaines les fonctionnalités « confort » comme le variateur de vitesse pour coudre tout doucement, le bouton « aiguille plantée » pour tourner dans les angles, l'enfilage facilité...

QUELLE MACHINE POUR BIEN DÉBUTER LA COUTURE ZÉRO DÉCHET ?

Les ouvrages que je vais vous proposer ne requièrent pas de fonctionnalités spécifiques sur votre machine à coudre. Ils sont donc idéaux pour commencer la couture ! En effet, nous allons coudre majoritairement du coton, de l'éponge ou du coton enduit, et utiliser des points basiques tels que le point droit et le point zigzag.

Pour les petits budgets, et une utilisation ponctuelle (car plus fragiles) comptez entre 75 et 150 euros. Privilégiez une machine robuste, même si elle n'aura pas tous les réglages.

Pour des budgets un peu plus importants, comptez entre 200 et 500 €.

Trouvez le bon compromis entre le budget souhaité et des composants solides : privilégiez le métal plutôt que le plastique, un châssis plus lourd mais solide, des fonctionnalités assez nombreuses pour ne pas être limité rapidement.

Les tissus

LABEL GOTS OU OEKO TEX ?

Commençons par une petite précision importante : les tissus dits « bio » sont des textiles issus de fibres naturelles (coton, lin, chanvre, jute, ramie, ortie) et cultivés sans pesticides ou insecticides. « Bio » n'est pas une certification mais une indication concernant le type de culture dont est issu votre fibre textile.

Lorsque vous achetez vos tissus, il y a deux labels à privilégier :

• La certification GOTS (Global Organic Textile Standard), qui réglemente les tissus « Bio ».
Les entreprises textiles ayant obtenu cette certification doivent fabriquer leurs étoffes avec 70% minimum de fibres biologiques. Toutes leurs installations doivent être conformes aux critères sociaux basés sur les normes clés de l'Organisation Internationale du Travail (OIT), ce qui signifie qu'ils respectent des conditions de travail et de salaires décents pour leurs employés et les agriculteurs avec lesquels ils fonctionnent (en commerce équitable).
De plus, lors des étapes de transformation du tissu, les fabricants doivent suivre des procédures relatives au suivi et à la minimisation des déchets et rejets. Les entreprises qui y prétendent doivent rendre des comptes concernant l'utilisation de produits chimiques, la consommation d'eau et le traitement des eaux usées, y compris sur l'élimination des boues. Les eaux usées provenant des sites de transformation doivent être traitées dans une station de traitement des eaux usées fonctionnelle interne ou externe avant d'éliminer les eaux de surface. Il s'agit donc d'une certification exigeante qui garantit un produit fini respectueux de l'environnement mais également des conditions de vie décentes pour les intervenants tout au long de sa chaîne de fabrication.

• La certification Oeko Tex standard 100 : il s'agit d'un label beaucoup moins exigeant, car il ne s'applique qu'à tester les tissus (ou les produits) finis : on envoie des échantillons en laboratoire afin de s'assurer de la non-nocivité du tissu. Ce label permet de limiter les produits utilisés lors de la fabrication du textile, et de s'assurer que leur contact avec votre peau ou des enfants ne créera pas de réaction cutanée ou allergique.

QUELS TISSUS POUR COUDRE DU ZÉRO DÉCHET ?

Voici les différents types de tissus que nous allons utiliser pour coudre nos accessoires zéro déchet :

- du coton imprimé, certifié GOTS ou au minimum Oeko tex ;
- de l'éponge de coton ou de bambou ;
- de l'éponge nid d'abeille ;
- de la flanelle de coton (coton gratté tout doux) ;
- de la double gaze de coton (dont on faisait traditionnellement des langes) ;
- du coton enduit ou de la gabardine étanche.

Bien entendu, le but de notre démarche étant de réduire nos déchets au minimum, il va de soi que la récupération est fortement conseillée : vieux vêtements, draps, torchons fatigués...
N'hésitez pas à réutiliser des textiles que vous avez déjà, car même non certifiés Oeko Tex ou GOTS, les nombreux lavages qu'ils ont subis les ont débarrassés des produits nocifs qu'ils pouvaient contenir, et ne vous font plus courir de risque d'allergie ou de réaction cutanée par exemple.
De plus, en leur donnant une 2ème vie, vous prolongez leur utilité, optimisez leur fabrication et évitez qu'ils ne deviennent des déchets.

Pour chaque ouvrage, je vous préciserai quels tissus privilégier car ils n'ont pas tous les mêmes propriétés (absorbantes, imperméables, rigides, doux...) mais n'hésitez pas à expérimenter : la couture n'est pas un loisir figé, et la technique évolue en tâtonnant !
Ne jugez pas trop durement vos échecs (et vous verrez qu'ils seront très limités avec cet ouvrage, car tous les projets sont accessibles aux débutants) et considérez que ce sont des expériences qui vous permettent de vous améliorer.
N'oubliez pas que peu importe le nombre de chutes : c'est le nombre de fois où l'on se relève qui compte !

Les projets

Serviette de table

Les foyers actuels utilisent de moins en moins les serviettes de table en tissu : elles ont été remplacées par de l'essuie-tout, qui permet d'éviter de laver, d'avoir à gérer les tâches etc. Aujourd'hui, je vous propose de remettre au goût du jour cet accessoire incontournable qui accompagnera vos repas : une jolie serviette avec un tissu personnalisé pour chacun ! Vous verrez qu'elles feront leur petit effet auprès de vos proches et de vos amis.

NIVEAU 1 2 3

TEMPS DE CONFECTION 1h20 pour 4 serviettes

FOURNITURES

Pour 4 serviettes, il vous faudra :

- 50 cm de coton imprimé (140 cm de large)

- 50 cm d'éponge absorbante ou d'éponge nid d'abeille (140 cm de large)

L'ENTRETIEN DES SERVIETTES

Lavage

Vous pouvez laver les serviettes avec le linge blanc ou clair à 40°C avec une cuillère de percarbonate de soude dans le tambour en plus d'une lessive écologique, ce qui aide à enlever les tâches et à bien désinfecter le linge. Selon le tissu en coton imprimé choisi (notamment s'il est clair), vous pouvez aller jusqu'à à 60°C, mais pas pour les serviettes aux tissus plus sombres, dont les couleurs souffrent rapidement.

Choisissez donc les couleurs de vos tissus en fonction : pour les enfants en bas âge, j'ai choisi des tissus plus sombres, car les tâches de tomate ou de fraise sont sinon irrécupérables !

Utilisation

J'ai cousu deux jeux de serviettes de table pour ma famille, plus quelques exemplaires unisexes pour les invités, qui trouvent toujours cela très joli ! On sait tous que plus un accessoire est joli, plus on a envie de l'utiliser... Je parle surtout pour nos enfants, car les miens ont été ravis de passer de leurs bavoirs à des serviettes « de grands » auxquelles j'ajoute parfois une pince à linge dans le cou pour qu'elles ne glissent pas.

Ce projet peut être cousu par un enfant ou un ado, alors n'hésitez pas à leur faire coudre la leur !

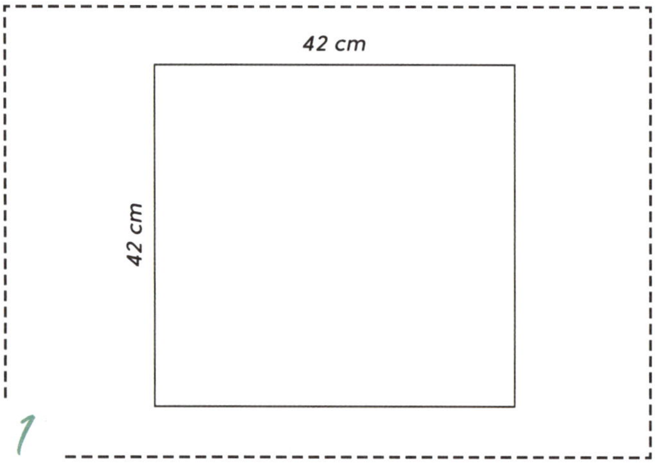

Gabarit : sur un papier un peu épais ou cartonné, tracez un carré de 42 cm de côté. La dimension de ce patron est fournie marges incluses (1 cm tout autour).

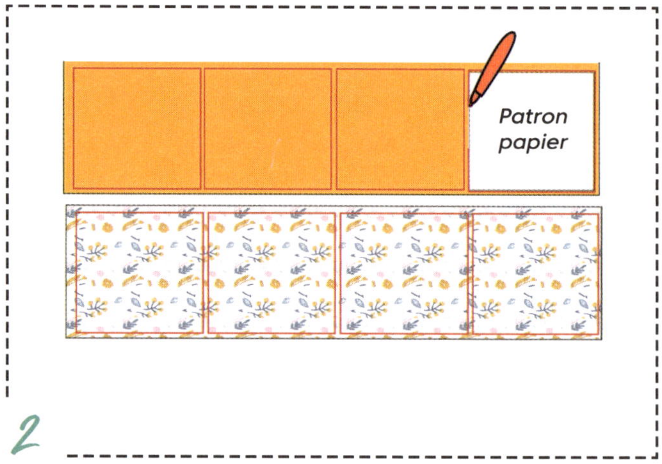

Pour quatre serviettes, tracez le contour de votre patron :
- 4 fois sur l'envers du coton imprimé ;
- 4 fois sur l'envers de l'éponge absorbante ou nid d'abeille.

N'ajoutez pas de marges autour, elles sont déjà incluses dans les dimensions données.

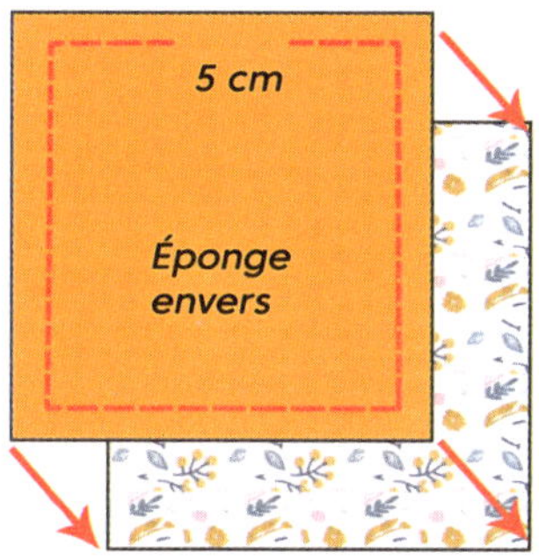

3

Découpez les carrés. Placez les tissus endroit contre endroit, épinglez-les bord à bord et cousez au point droit à 1 cm du bord. N'oubliez pas les points arrière (allers-retours) au début et à la fin de la couture : deux à trois points dans chaque sens ! Pensez à laisser un espace non cousu au milieu d'un côté pour retourner la serviette (environ 5 cm).

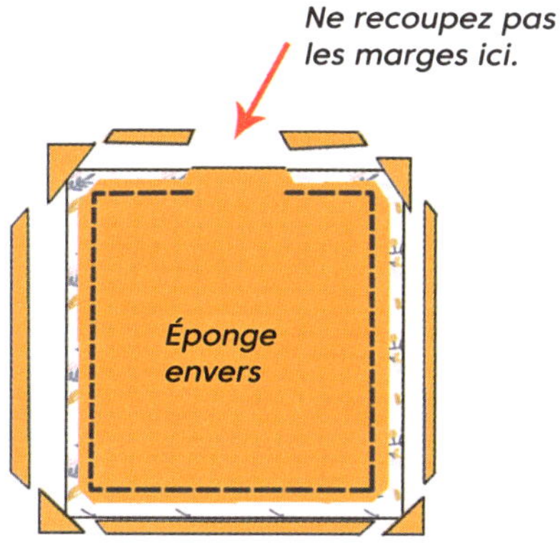

4

Recoupez les marges de couture de moitié en biais dans les angles, et de 5 mm sur les côtés, sauf l'endroit laissé non cousu : laissez les marges intactes !

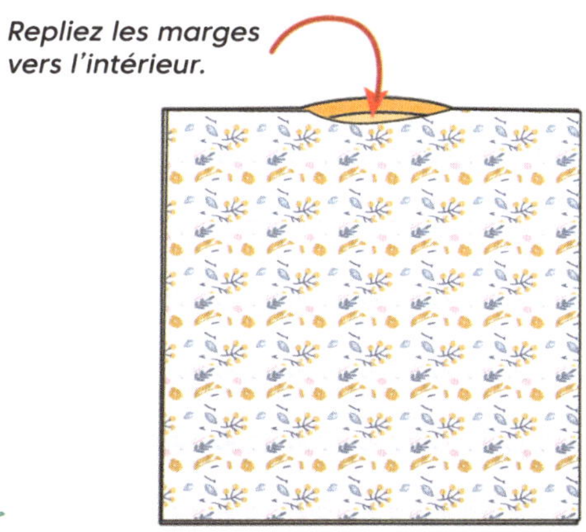

5

Retournez votre serviette à l'endroit, poussez les angles avec une baguette et repliez les marges de couture vers l'intérieur au niveau de l'ouverture.

6

Épinglez l'ouverture et surpiquez au point droit tout le tour de votre serviette bien au bord (à 3 ou 4 mm du bord). Commencez dans un angle et pensez aux allers-retours au début et à la fin de votre couture ! Faites de même pour les trois autres serviettes. Allongez la longueur de votre point droit (environ 4 mm) car vous avez de l'épaisseur.

Essuie-tout

L'essuie-tout représente un volume important de ce que nous jetons chaque jour sans nous en rendre compte... Dans cette version lavable, chaque « feuille » est attachée aux autres grâce à un ingénieux, néanmoins très simple, système de pressions en résine, qui permet de les détacher facilement pour utiliser une feuille. J'ai réalisé plusieurs déclinaisons, dont une avec de l'éponge plus foncée pour ramasser les saletés les plus délicates.

NIVEAU 1 2 3 | TEMPS DE CONFECTION 2h30 pour 10 « feuilles »

FOURNITURES

Pour 10 feuilles d'essuie-tout, il vous faudra :

- **50 cm de coton imprimé (140 cm de large)**
- **50 cm d'éponge absorbante ou nid d'abeille (140 cm de large)**

L'ENTRETIEN DE L'ESSUIE-TOUT

Lavage

Vous pouvez laver les feuilles d'essuie-tout avec le linge blanc ou clair à 40°C avec une cuillère de percarbonate de soude dans le tambour en plus d'une lessive écologique, ce qui aide à enlever les tâches et à bien désinfecter le linge. Pensez à utiliser des tissus foncés pour un rouleau d'essuie-tout adapté aux tâches persistantes : sauce tomate, fruits, chocolat, ou au contraire aux couleurs claires si vous utilisez des produits nettoyants qui pourraient les déteindre...

Les pressions résine n'aiment pas la chaleur du fer à repasser et parfois même celle du sèche-linge... Le fer les fait fondre et le sèche-linge a tendance à les déformer ; elles ne se clipsent ensuite plus très bien.

Astuce

Je clipse les feuilles entre elles au moment du lavage pour éviter leur déformation !

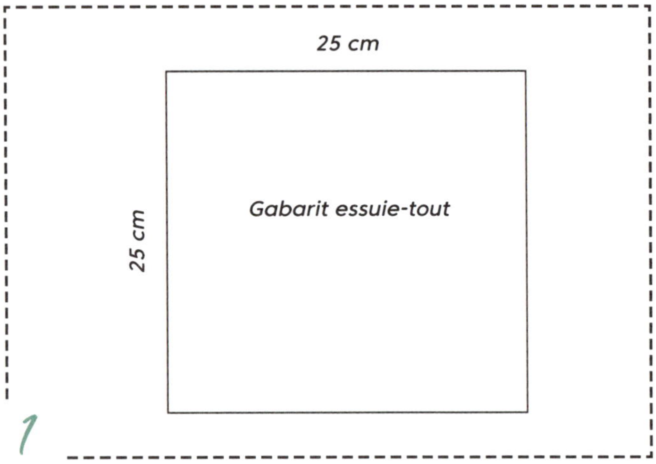

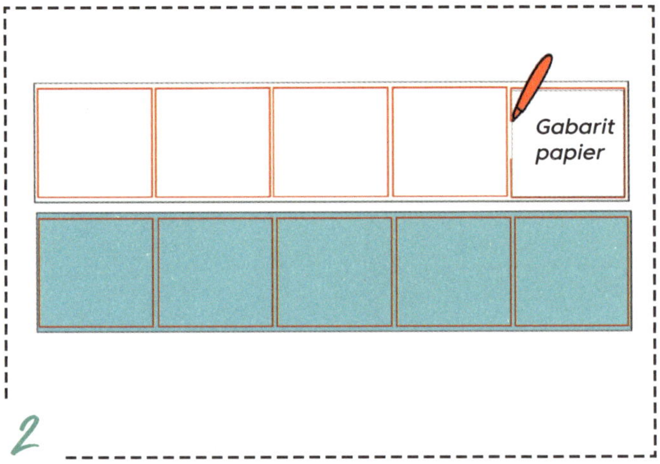

Gabarit : sur un papier un peu épais ou cartonné, tracez un carré de 25 cm de côté. Cette dimension est fournie marges incluses (1 cm tout autour).

Pour dix feuilles d'essuie-tout, tracez son contour :
- 10 fois sur l'envers du coton imprimé (choisissez deux à trois tissus différents)
- 10 fois sur l'envers de l'éponge absorbante ou nid d'abeille.

N'ajoutez pas de marges autour, elles sont déjà incluses dans les dimensions données.

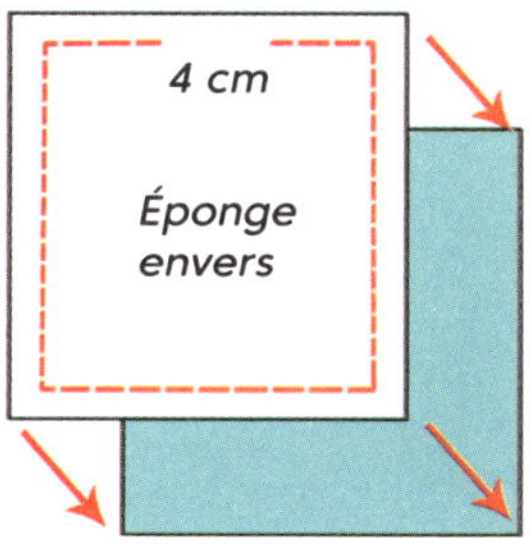

3

Découpez les carrés. Placez les tissus endroit contre endroit, épinglez-les bord à bord et cousez au point droit à 1 cm du bord. N'oubliez pas les points arrière (allers-retours) au début et à la fin de la couture : deux à trois points dans chaque sens ! Pensez à laisser un espace non cousu au milieu d'un côté pour retourner l'essuie-tout (environ 4 cm) !

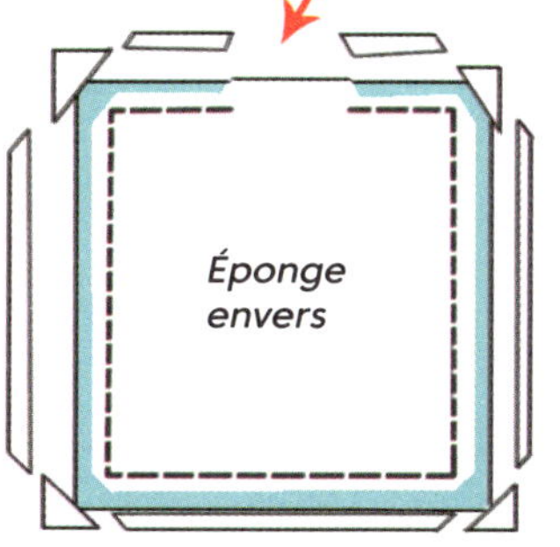

4

Recoupez les marges de couture de moitié en biais dans les angles, et de 5 mm sur les côtés, sauf l'endroit laissé non cousu : laissez les marges intactes !

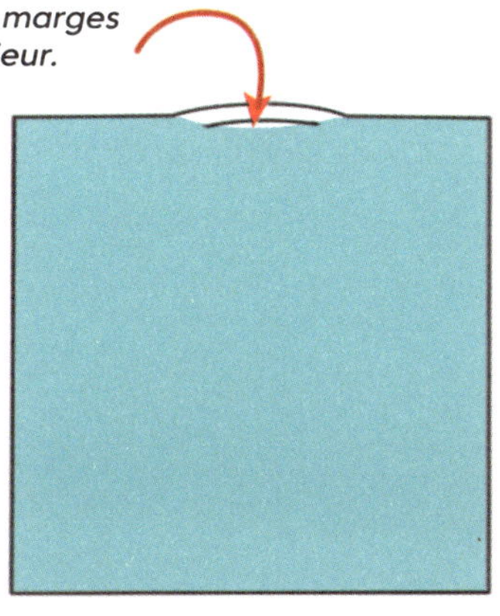

5

Retournez votre essuie-tout à l'endroit, poussez les angles avec une baguette, et repliez les marges de couture vers l'intérieur au niveau de l'ouverture.

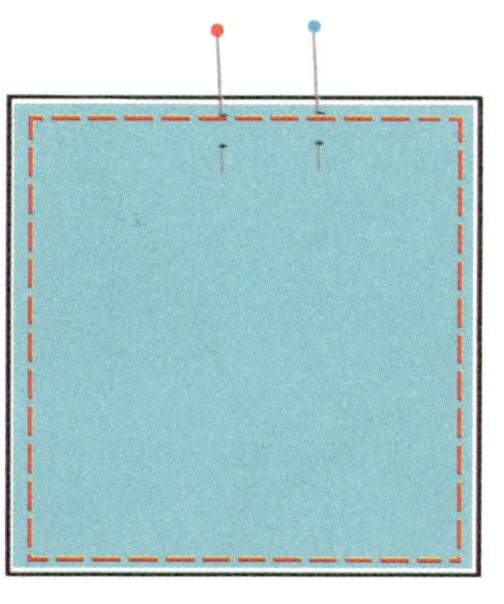

6

Épinglez l'ouverture et surpiquez au point droit tout le tour de votre essuie-tout bien au bord (à 2 mm du bord). Commencez dans un angle et pensez aux allers-retours au début et à la fin de votre couture. Faites de même pour les neuf autres feuilles d'essuie-tout.
Allongez la longueur de votre point droit (environ 4 mm) car vous avez de l'épaisseur.

Éponge lavable

Quelle meilleure façon de recycler nos chutes de tissu que de les transformer en accessoires utiles ? Cela ne demande qu'un petit rectangle de coton imprimé, un autre d'éponge et pourquoi pas un petit cordon pour les pendre afin de leur permettre de mieux sécher... Et hop ! Vous voilà avec une nouvelle éponge ! Faites-en pour la cuisine, la salle de bain, les toilettes... Amusez-vous, recyclez ce que vous pouvez, offrez-en, elles sont si faciles à coudre !

NIVEAU 1 2 3 | TEMPS DE CONFECTION *30 minutes* pour 1 éponge

FOURNITURES

Pour une éponge lavable, il vous faudra :

- **16 x 12 cm de coton imprimé pour le recto (120 cm de large suffiront)**
- **16 x 12 cm d'éponge absorbante ou nid d'abeille (plus « grattante ») pour le verso (120 cm de large suffiront)**
- **Des chutes de ouatine (molleton) ou de la ouate imputrescible**
- **9 cm de cordon (épaisseur conseillée : 4 mm de diamètre)**

L'ENTRETIEN DE L'ÉPONGE LAVABLE

Lavage

Vos éponges lavables passeront à la machine régulièrement, à 40°C, avec le reste du linge. Pensez à ajouter une cuillère à soupe de percarbonate de soude dans le tambour de votre machine en plus de votre lessive (écologique !) et pourquoi pas une goutte d'huile essentielle de Tea Tree (arbre à thé) une fois par semaine : elle est anti-bactérienne !

Alternative couture

Il est également possible de coudre des éponges avec une face en toile de jute pour un effet plus « grattant » encore, mais à l'usage elles ont tendance à s'effilocher sur les coutures. Pour éviter cela, surfilez les tissus dans les marges de couture et ne les recoupez pas avant de retourner l'ouvrage sur l'endroit.

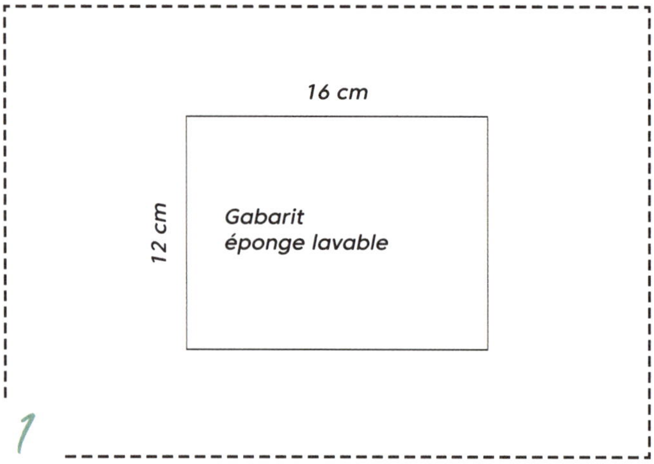

1

Tracez un rectangle de 16 cm x 12 cm sur un papier un peu épais ou un papier cartonné. Ce patron est fourni marges incluses (1 cm). Légendez votre patron !

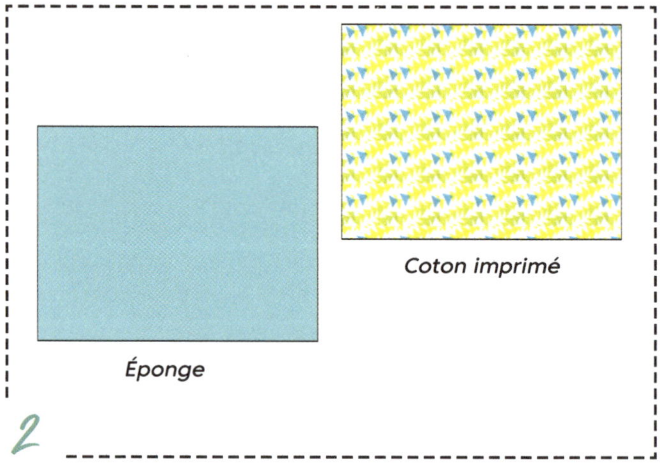

2

Tracez ce gabarit : 1 fois dans le coton imprimé et 1 fois dans l'éponge absorbante ou nid d'abeille.

3

Pliez le cordon de 9 cm en deux et placez-le sur l'endroit du coton imprimé, boucle vers l'intérieur, au niveau d'un angle. Fixez-le en le piquant bien au bord du tissu (plusieurs allers-retours).

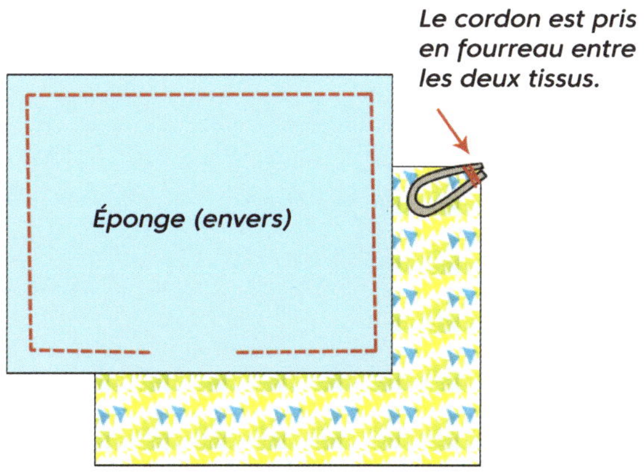

4

Épinglez les deux tissus l'un sur l'autre, endroit contre endroit. Piquez à 1 cm du bord en commençant et en terminant au centre d'un grand côté. Laissez une ouverture non cousue d'environ 5 cm pour retourner. Réduisez les marges de couture aux ciseaux à cranter (sauf au niveau de l'ouverture) à 5 mm du bord.

5

Une fois l'éponge retournée sur l'endroit, insérez la ouate imputrescible à l'intérieur par l'ouverture, découpée en petits morceaux.

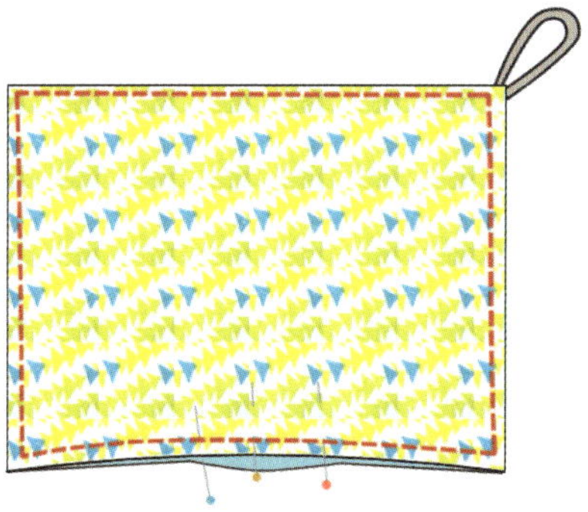

6

Épinglez l'ouverture et refermez-la à la main (avec du fil et une aiguille) à points glissés tout près du bord. Vous pouvez sinon opter pour une surpiqûre sur tout le tour de votre éponge, tout près du bord, à la machine : allongez votre point droit !

Sac à vrac

Ces jolis sacs seront utilisés pour aller acheter votre épicerie en vrac : riz, pâtes, fruits secs, légumes secs et tout ce qui pourra être proposé sans emballage. Le mieux est de les coudre dans le tissu le plus léger possible (pour éviter de trop peser dans la balance lors du paiement).

NIVEAU 1 2 3 | TEMPS DE CONFECTION 45 *minutes* pour 1 sac

FOURNITURES

Pour un sac à vrac, il vous faudra :

- 60 cm x 25 cm de coton fin (certifié GOTS de préférence)

- 1 cordon de 1,40 m (2 x 70 cm) et de diamètre 4 mm, ou un ruban fin

L'ENTRETIEN DU SAC À VRAC

Lavage

Vos sacs à vrac seront lavables jusqu'à 40°C sauf si vous avez utilisé des rubans délicats en guise de cordons pour les coulisses. Dans ce cas ne lavez pas à plus de 30°C.

Astuce pour le sens des motifs

Si vous voulez éviter tout problème de motif à l'envers sur l'une des faces de votre sac, vous avez deux options.

1) Prenez un tissu uni ou à motifs basiques (type pois, fleurs, étoiles etc.)

2) Si votre motif a un sens haut / bas, alors il vous faudra couper deux fois le gabarit en ne le mettant pas au pli et en ajoutant 1 cm au bas du patron. Vous assemblerez vos deux faces en tissu par le bas, endroit contre endroit, en les piquant à 1 cm du bord. La suite du pas-à-pas reste ensuite identique.

#ZDPOWER
WWW.COUTURADDICT.COM
COUTURADDICT

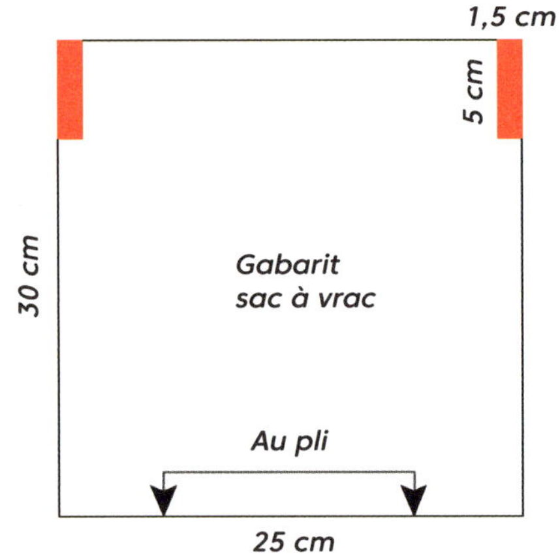

1

Tracez un rectangle de 30 cm x 25 cm de large sur un papier cartonné. Recoupez un rectangle de 5 cm x 1,5 cm sur les deux côtés supérieurs. Ce gabarit est fourni marges incluses (1,5 cm) et devra être placé au pli du tissu.

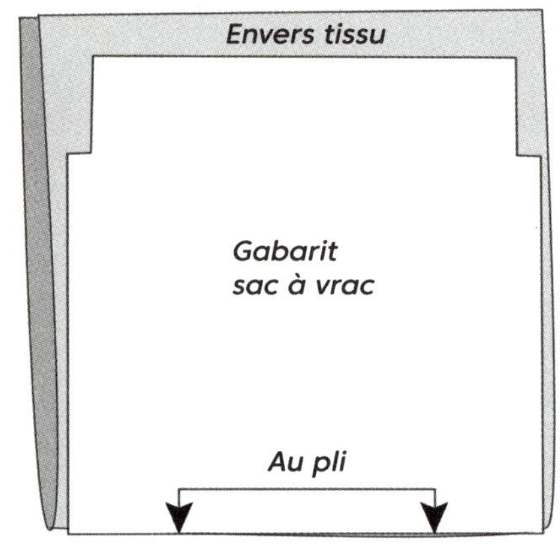

2

Placez votre patron au pli et tracez son contour sur l'envers du tissu. Attention : ne choisissez pas un tissu dont les motifs ont un sens (haut/ bas) car l'un des côtés serait alors à l'envers... Découpez en prenant deux couches de tissu pour un sac bien symétrique.

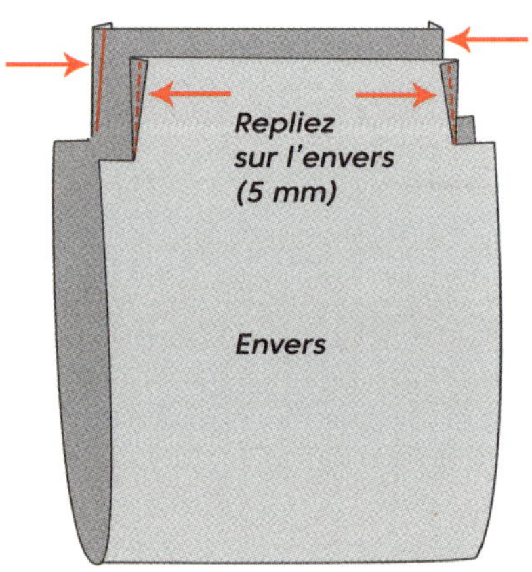

3

Reliez les quatre petits décrochés vers l'envers (repli de 5 mm) et piquez ce repli à la machine, au point droit : ces quatre petits côtés seront les extrémités des coulisses du sac.

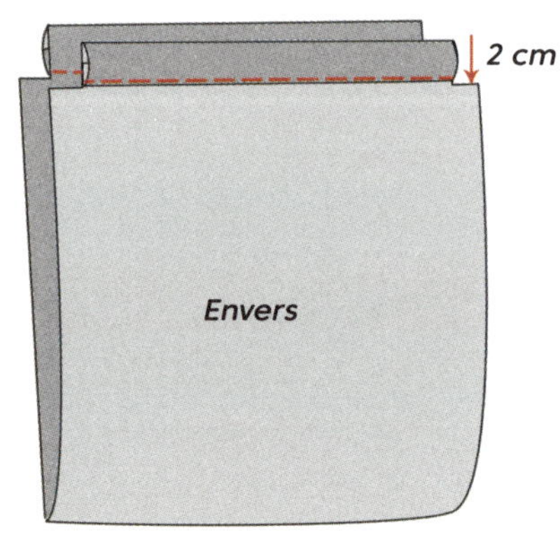

4

Faites un ourlet en haut des deux extrémités supérieures du sac avec un premier repli d'1 cm, puis un deuxième de 2 cm vers l'envers. Marquez les plis au fer à repasser, épinglez et piquez au point droit sur le bas de chaque coulisse ainsi formée.

5

Nous allons faire une couture anglaise. Pour cela, repliez le sac envers contre envers et piquez ses deux côtés latéraux (droite et gauche) à 5 mm du bord, au point droit.

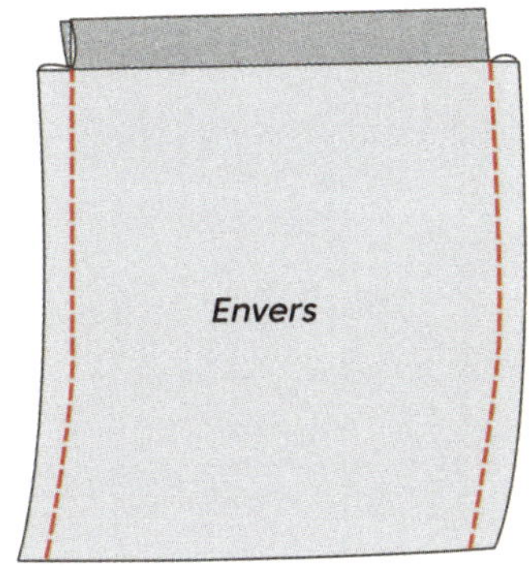

6

Remettez à nouveau le sac sur l'envers, et enfermez la couture de l'étape 5 à l'intérieur d'une nouvelle couture, à 1 cm du bord, de part et d'autre du sac : la couture anglaise est terminée ! Le sac également, mais les cordons restent encore à passer dans les coulisses.

L'enfilage des cordons
À l'aide d'une épingle de nourrice, faites passer les deux cordons dans les coulisses comme indiqué sur le schéma ci-dessous.

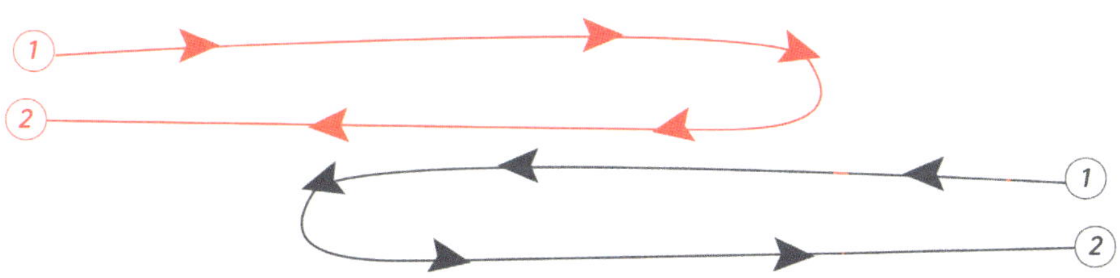

Sac à salade

Ce sac à salade en tissu vous permettra de la conserver plusieurs jours dans votre réfrigérateur après l'avoir lavée et essorée : sa doublure en étamine de coton absorbera l'excédent d'humidité et le coton enduit évitera de la transmettre au reste des aliments se trouvant à proximité dans votre frigo... Beaucoup plus compact que n'importe quel plat rigide, ce sac en tissu tiendra toutes ses promesses !

NIVEAU 1 2 3 | TEMPS DE CONFECTION *1 heure* pour 1 sac

FOURNITURES

Pour un sac à salade, il vous faudra :

- **40 x 40 cm d'étamine de coton ou de coton certifié GOTS de préférence**
- **40 x 40 cm de coton enduit ou gabardine imperméable**
- **9 cm de biais**
- **1 bouton de 20 à 25 mm de diamètre**

GABARIT

Retrouvez le gabarit du sac à salade page 62.

L'ENTRETIEN DU SAC À SALADE

Lavage

Vos sacs à salade seront lavables à la main, au savon de Marseille si vous avez utilisé du coton enduit (non lavable en machine). Cependant si vous avez opté pour une gabardine étanche, il pourra tout à fait passer en machine jusqu'à 30°C. Il faudra alors penser à mettre un petit coup de fer à repasser pas trop chaud pour resserrer les fibres et lui rendre son étanchéité.

Alternative couture

Il est également possible de coudre ces sacs avec de la récup' : utilisez des vieux torchons pour l'intérieur, ou encore de l'éponge de coton, et pourquoi pas un coton non étanche pour l'extérieur.

On peut aussi imaginer un système de pressions résine sur le haut du sac avec trois ou quatre pressions à la place du cordon à coudre. Pensez alors à renforcer le tissu avec de petits carrés d'entoilage aux emplacements des pressions pour éviter que le tissu ne s'abîme à force de tirer dessus pour ouvrir le sac.

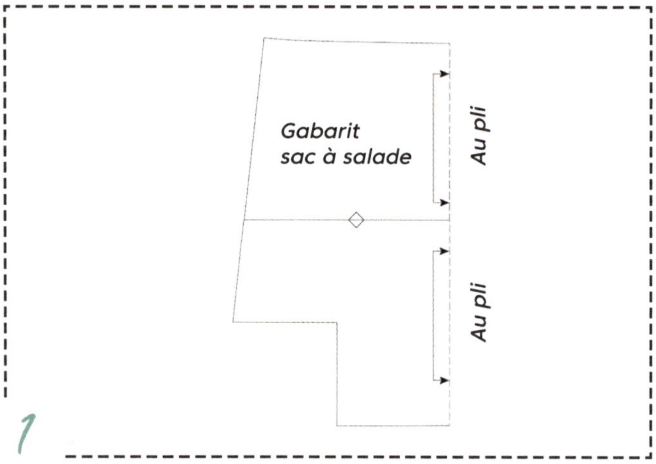

Recopiez les deux parties du gabarit situé page 62 et assemblez-les avec du ruban adhésif. Il s'agit d'un demi-patron qu'il faudra placer au pli du tissu, qui est fourni marges incluses (1 cm).

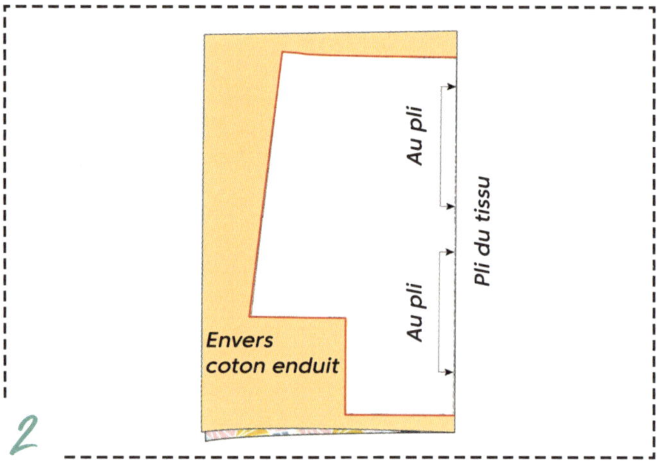

Tracez ce gabarit sur l'envers des tissus : 2 fois au pli sur le coton enduit et 2 fois au pli sur l'étamine de coton (ou autre coton bio). Découpez-les en prenant les deux couches de tissu pour des pièces bien symétriques.

Vous obtiendrez quatre pièces comme ci-dessus : deux en étamine et deux en coton enduit.

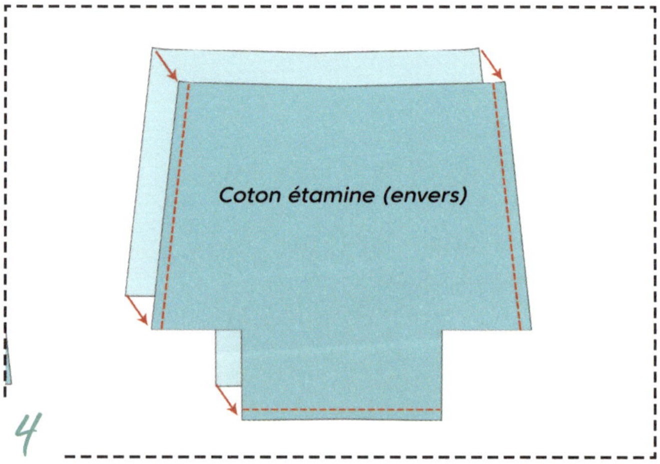

Épinglez les deux tissus en étamine l'un sur l'autre, endroit contre endroit. Piquez à 1 cm du bord sur les trois côtés : droite, gauche et bas en interrompant la couture dans les « décrochés ».

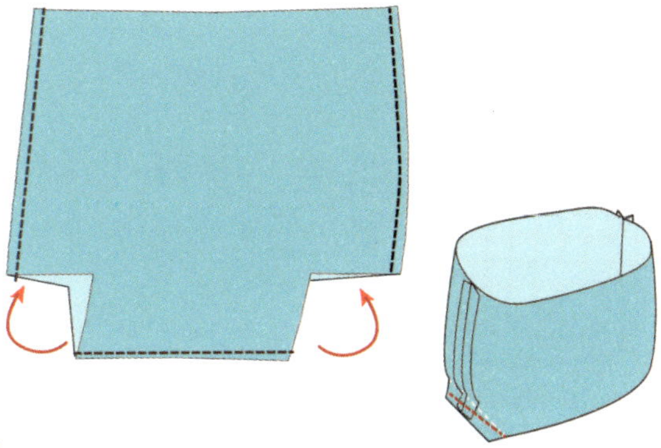

5

Pincez pour faire coïncider les coutures du bas avec celles des côtés. Épinglez puis piquez ce bec à 1 cm du bord, sur les deux côtés du sac, en ouvrant les marges de couture.

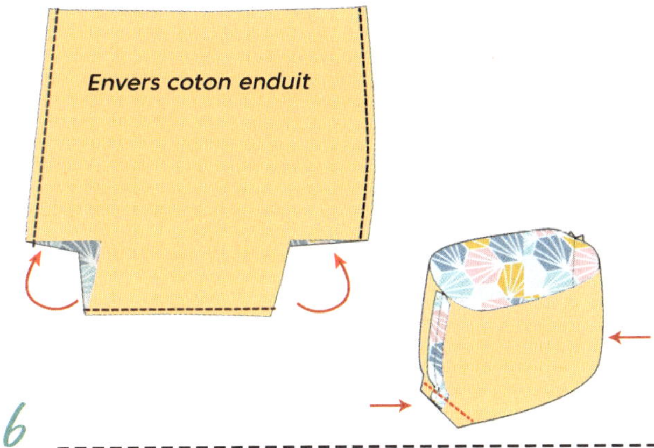

6

Répétez les étapes 4 et 5 pour les pièces en coton enduit.

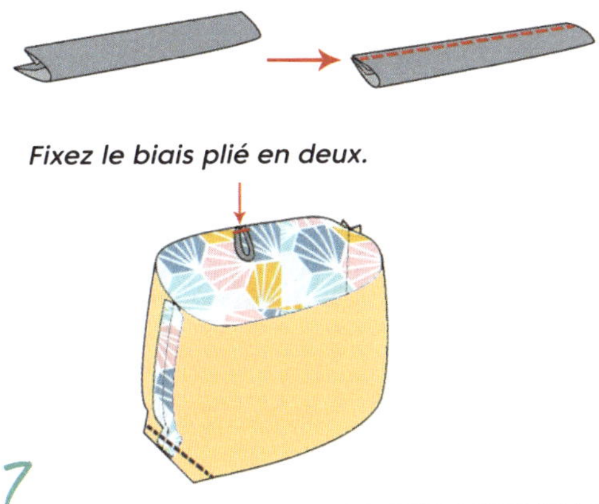

7

Prenez le biais de 9 cm, fermez-le par une couture tout près du bord, et pliez-le en deux pour l'épingler sur le milieu d'un des côtés du sac en coton enduit (sur l'endroit, boucle vers l'intérieur du sac). Fixez par plusieurs allers-retours bien au bord à la machine.

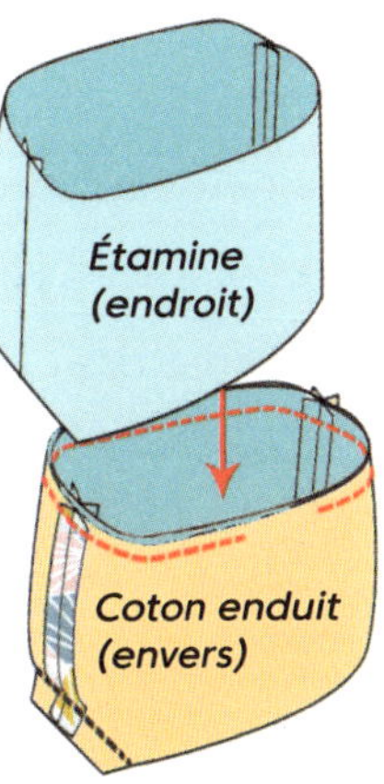

8

Placez les deux sacs l'un dans l'autre, endroit contre endroit en faisant coïncider les coutures de côté. Épinglez le haut bord à bord, et piquez tout le tour à 1 cm du bord, en laissant une ouverture pour retourner.

9

Retournez le sac sur l'endroit par l'ouverture non cousue. Rentrez les marges vers l'intérieur et surpiquez bien au bord tout autour.

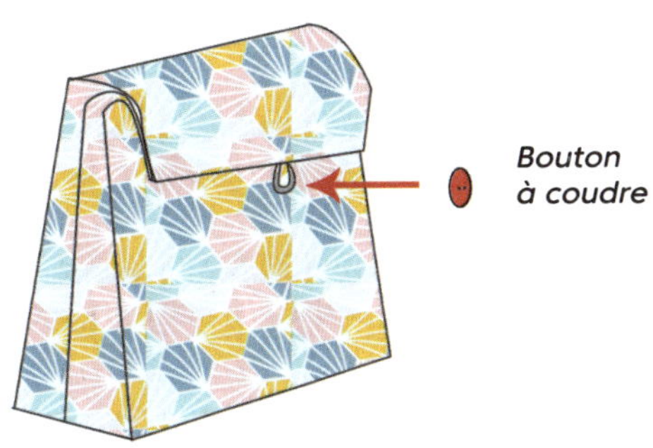

10

Repliez le haut du sac sur 6 cm vers le bas pour noter l'emplacement du bouton en regard. Là où se place votre biais, marquez un petit repère au centre de la boucle et cousez votre bouton à la main.

Sac à pain

Pendez votre sac à pain par ses poignées dans votre cuisine et profitez de sa praticité : il gardera votre pain à portée de main, pour éviter qu'il ne sèche. Il peut contenir jusqu'à trois baguettes. Ne manquent plus que le vin et le fromage pour un portrait de famille complet !

NIVEAU 1 2 3

TEMPS DE CONFECTION 1heure 30 pour 1 sac

FOURNITURES

Pour un sac à pain, il vous faudra :

- 70 cm de toile de coton en 110 cm de large

- 70 cm de coton imprimé en 110 cm de large

- 1 cordon de 2 m - soit 2 x 1 m (diamètre du cordon 4 mm)

L'ENTRETIEN DU SAC À PAIN

Lavage

Votre sac à pain sera lavable à la machine, à 30 ou 40°C selon les tissus que vous avez utilisés. Un petit coup de fer à repasser et il retrouvera sa jeunesse, sans pli ni ridule.

Customisation

N'hésitez pas à personnaliser votre sac à pain : avec des appliqués cousus au point zigzag serré (point bourdon) ou avec du flex découpé à l'aide d'une machine, vous pourrez lui ajouter un texte amusant ou des effets décoratifs. Vous pouvez également remplacer la toile de coton unie par un tissu imprimé pour l'adapter à la déco de votre cuisine !

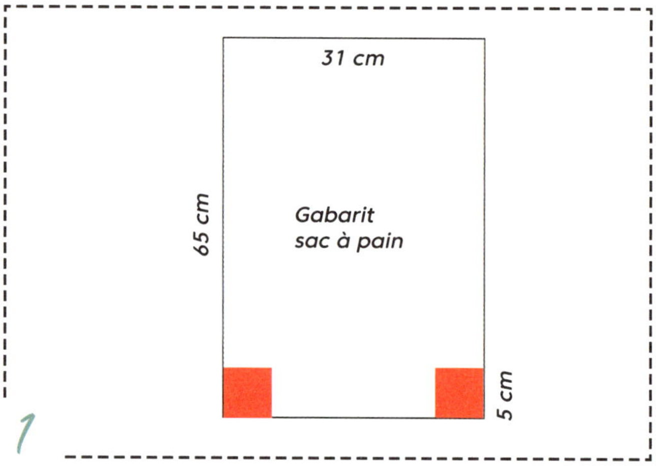

1

Tracez un rectangle de 65 cm de haut et 31 cm de large. Recoupez un carré de 5 cm de côté au niveau des deux angles inférieurs. Ce gabarit est fourni marges incluses (1 cm).

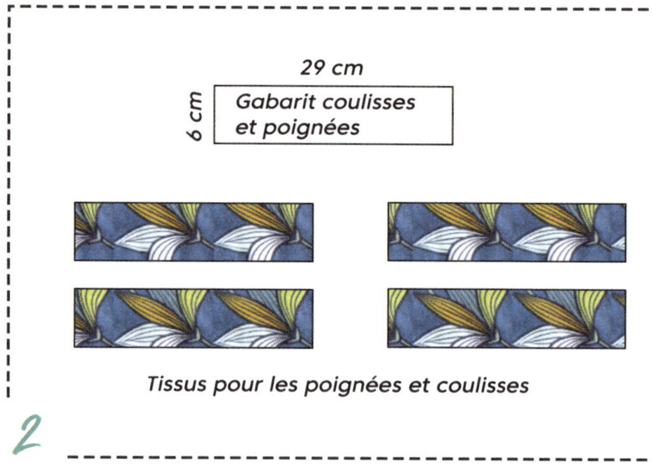

2

Gabarit coulisses et poignées : tracez un rectangle de 6 cm x 29 cm sur votre papier un peu épais. Reportez ce gabarit deux fois pour les poignées et deux fois pour les coulisses du sac dans le coton imprimé.

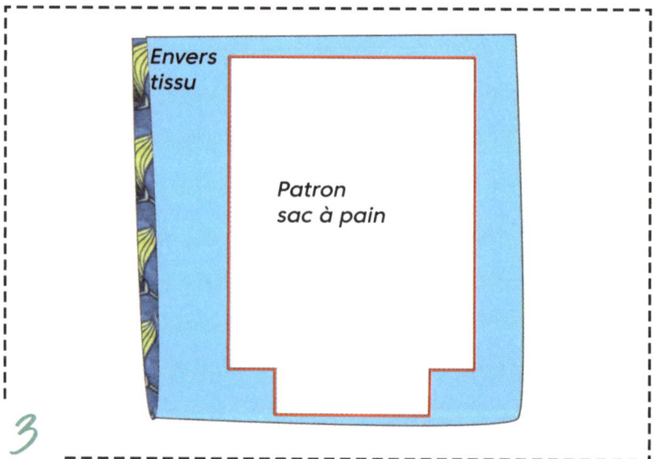

3

Tracez le gabarit du sac deux fois sur l'envers de la toile de coton et deux fois sur l'envers du coton imprimé (doublure). Pour gagner du temps, pliez les tissus en deux pour tracer et découpez deux pièces en un seul geste (pas au pli !).

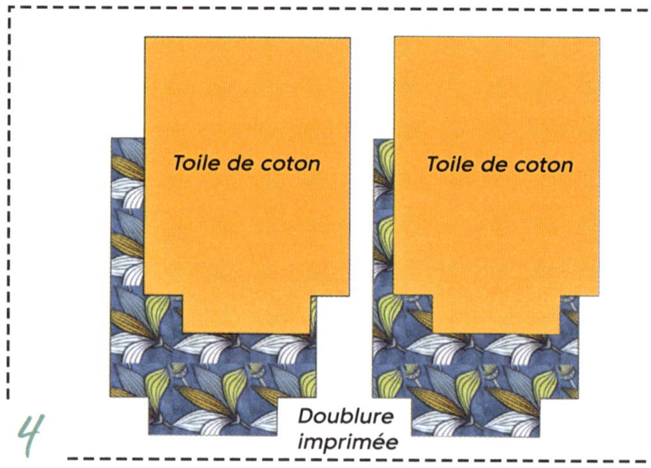

4

Vous obtiendrez donc deux toiles de coton et deux doublures imprimées.

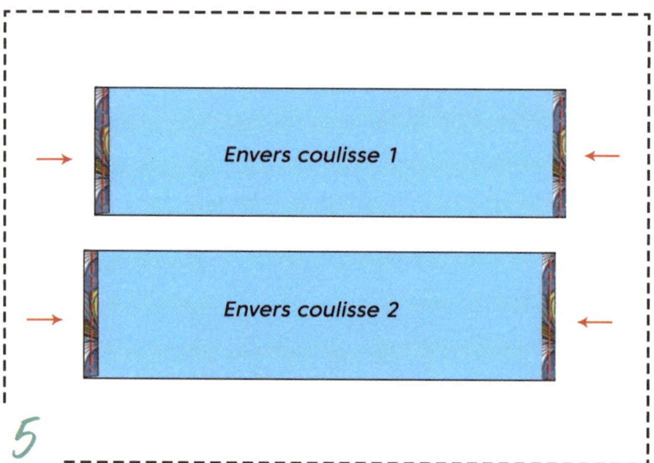

5

Pour les coulisses, prenez deux pièces en tissu imprimé et repliez les deux petits côtés vers l'envers sur 5 mm. Repassez pour marquer le pli et piquez à la machine au milieu du repli.

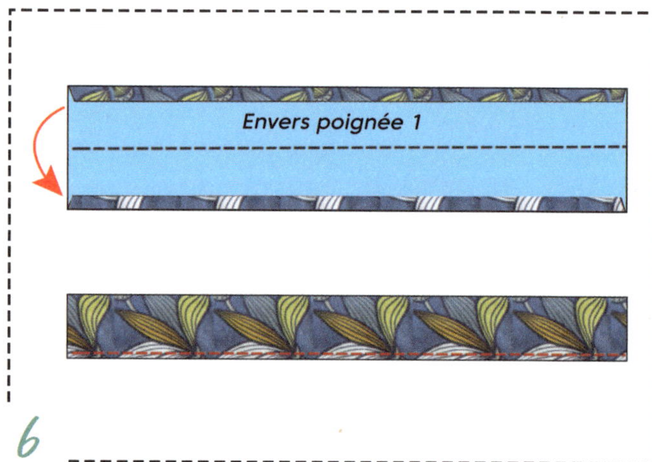

6

Passons ensuite aux poignées : repliez les deux grands côtés vers l'envers sur 5 mm, marquez le pli au fer à repasser puis repliez les grands côtés bord à bord. Piquez à la machine pour fermer les poignées, à quelques millimètres du bord. Faites de même pour la 2ème poignée.

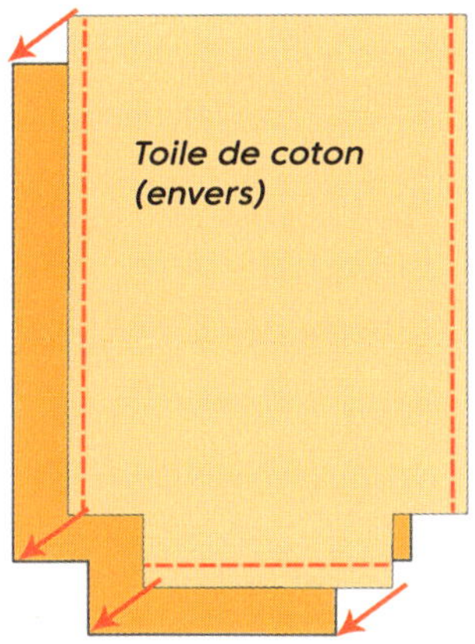

7

Épinglez les deux tissus en toile de coton l'un sur l'autre, endroit contre endroit. Piquez à 1 cm du bord sur les trois côtés : droite, gauche et bas en interrompant la couture dans les décrochés.

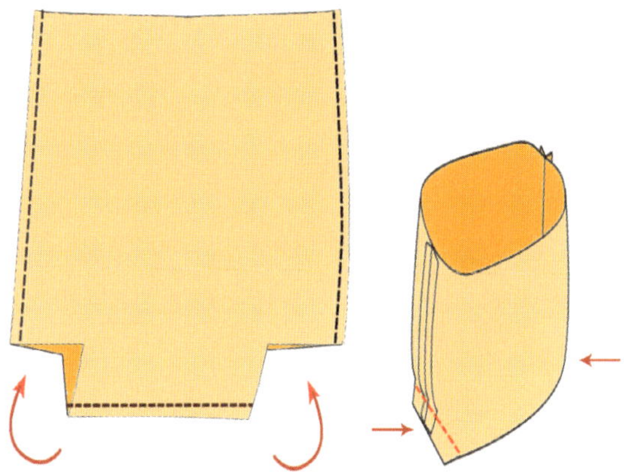

8

Pincez pour faire coïncider les coutures du bas avec celles des côtés. Épinglez puis piquez ce bec à 1 cm du bord, sur les deux côtés du sac, en ouvrant les marges de couture.

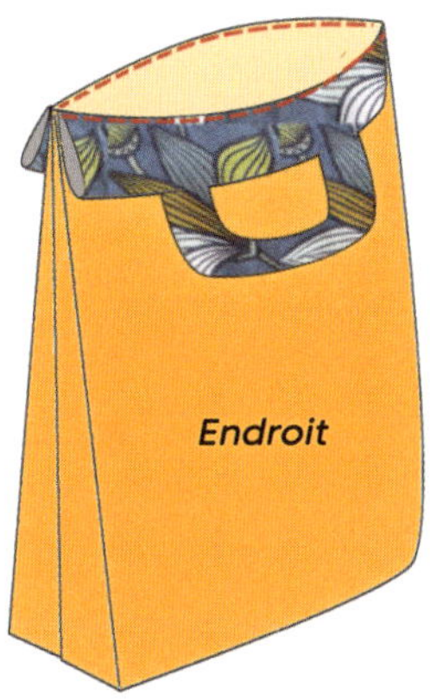

9

Remettez le sac en toile de coton à l'endroit. Épinglez les poignées sur le haut du sac (extrémités vers le haut, à 8 cm des bords), puis les coulisses pliées en deux par-dessus. Fixez par une couture au point droit tout près du bord.

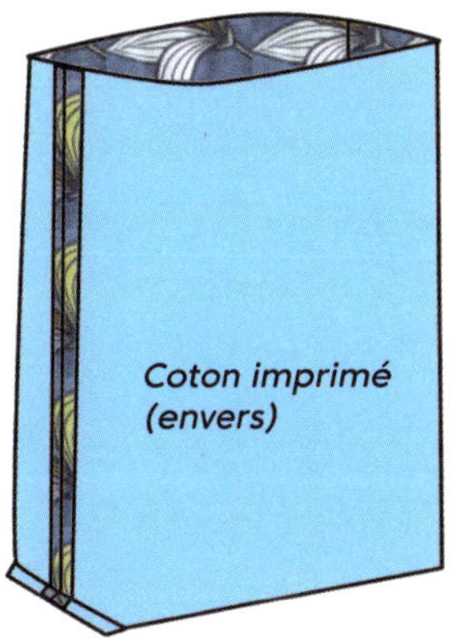

10

Reproduisez les étapes 7 et 8 avec les tissus imprimés.

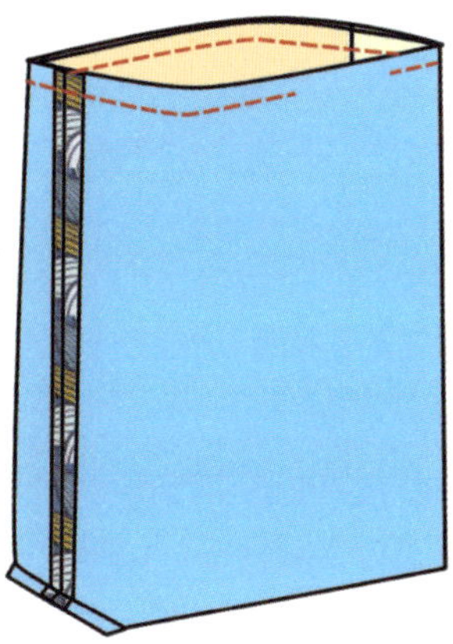

11

Placez les deux sacs l'un dans l'autre endroit contre endroit : celui en coton imprimé reste à l'envers, et on place celui en toile de coton, resté à l'endroit, à l'intérieur. Piquez le haut à 1 cm du bord en laissant une ouverture de 7 cm pour retourner.

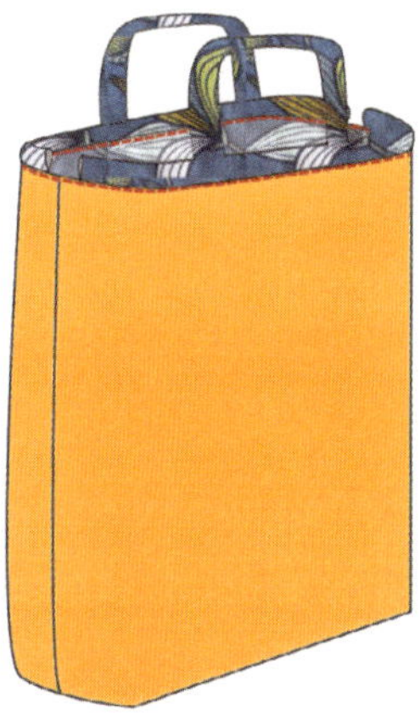

12

Remettez le sac sur l'endroit et surpiquez tout le haut à 2 mm sous la coulisse pour fermer l'ouverture. Placez les cordons de 1 m chacun pour le sac à vrac.

Emballage sandwich

Cet emballage sandwich, avec son astucieux système de scratches, s'adaptera à la forme de votre déjeuner : sandwich baguette, pain bagnat ou pain carré, votre repas sera bien emballé, et ce, sans plastique !

NIVEAU 1 2 3

TEMPS DE CONFECTION *1 heure* pour 1 emballage

FOURNITURES

Pour réaliser cet emballage à sandwich, il vous faudra :

- **60 cm de PUL, gabardine étanche ou de coton enduit fin en 110 cm de large**
- **60 cm de coton imprimé en 110 cm de large**
- **du scratch : doux (bouclettes) 25 cm et dur (crochets) 10 cm**

GABARIT

Retrouvez le gabarit de l'emballage sandwich page 60.

L'ENTRETIEN DE L'EMBALLAGE SANDWICH

Lavage

Tout dépend des tissus que vous avez utilisés : coton enduit ou gabardine étanche ? Le coton enduit n'aime pas la machine à laver, ce sera donc un lavage à la main, au savon de Marseille. La gabardine étanche passe à la machine à laver, à 30°C, mais il faudra penser à la repasser pour lui rendre ses propriétés étanches après le lavage. Attention : fer à température modérée, et ne touchez pas le scratch, qui fondrait à son contact !

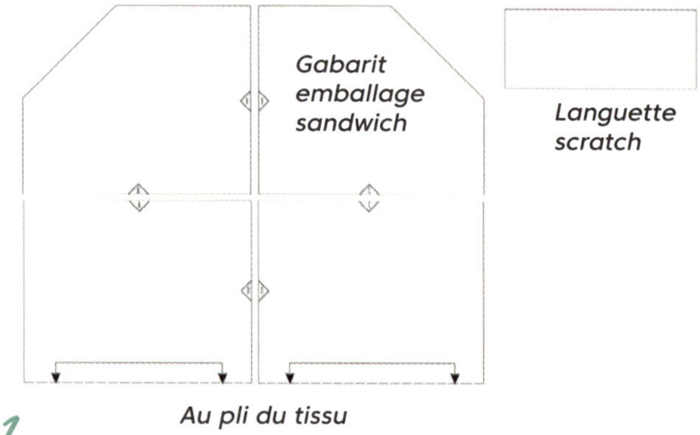

1

Gabarit du sac : recopiez les gabarits situés page 60, découpez-les et assemblez-les en faisant coïncider les repères, bord à bord. Assemblez-les avec du ruban adhésif. Ce gabarit est à placer au pli du tissu, et il est fourni marges incluses (1 cm).

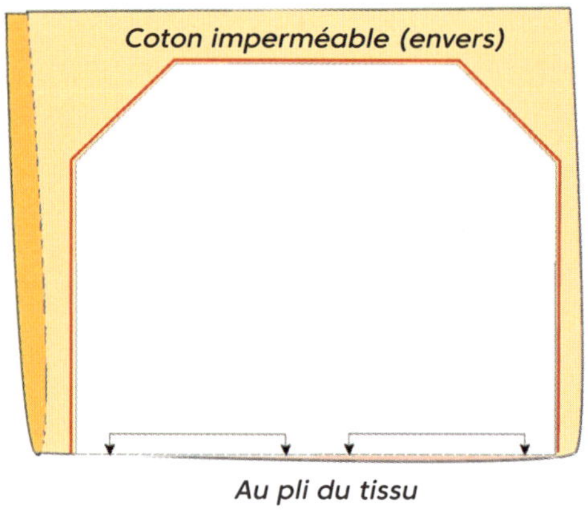

2

Tracez le contour de ce demi-gabarit une fois au pli sur le coton enduit et une fois au pli sur le coton imprimé. Découpez en prenant les deux couches du même tissu en même temps.

3

Vous obtiendrez donc une pièce en coton enduit ou gabardine étanche.

4

Vous obtiendrez également une pièce en coton imprimé standard.

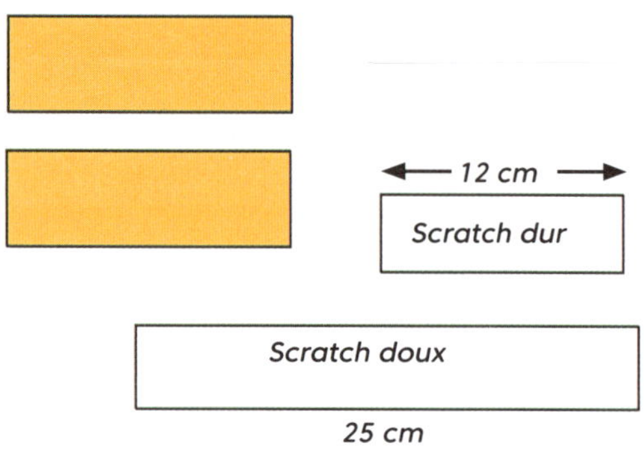

5

Découpez les pièces pour la languette deux fois dans un coton uni coordonné. Rassemblez aussi les scratches : 12 cm de scratch dur et 25 cm de scratch doux.

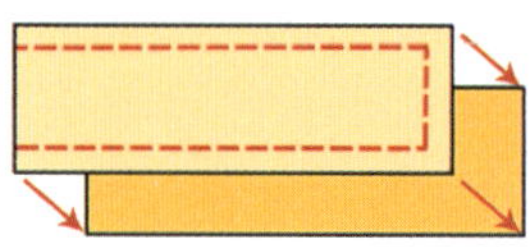

6

Épinglez les deux pièces pour la languette endroit contre endroit et piquez trois côtés à 1 cm du bord. Recoupez les marges et les angles en biais, et retournez votre languette sur l'endroit par le petit côté non cousu.

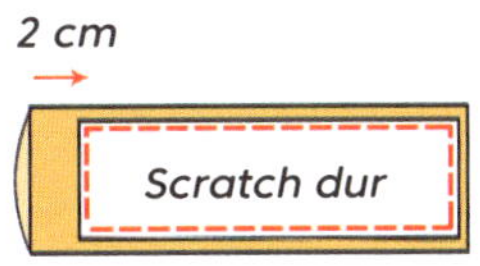

7

Une fois la languette retournée sur l'endroit, poussez bien les angles et épinglez le scratch dur à 2 cm du petit côté resté ouvert. Piquez le scratch sur la languette, au point droit tout près du bord du scratch sur les quatre côtés.

8

Centrez le scratch doux sur l'un des deux petits côtés du tissu extérieur (imprimé). Épinglez et piquez le scratch au point droit, sur les quatre côtés.

9

Toujours sur le tissu extérieur, épinglez puis fixez au point droit (tout près du bord) la languette, scratch vers vous, au centre du côté opposé.

10

Épinglez le coton enduit endroit contre l'endroit de votre coton imprimé et scratches. Piquez le tour à 1 cm du bord, laissez une ouverture de 6 cm pour retourner.

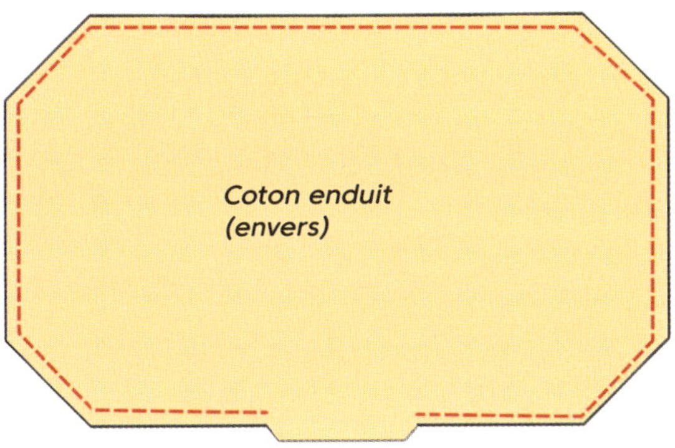

11

Recoupez les marges de couture (sauf au niveau de l'ouverture), crantez les angles et retournez sur l'endroit par l'ouverture.

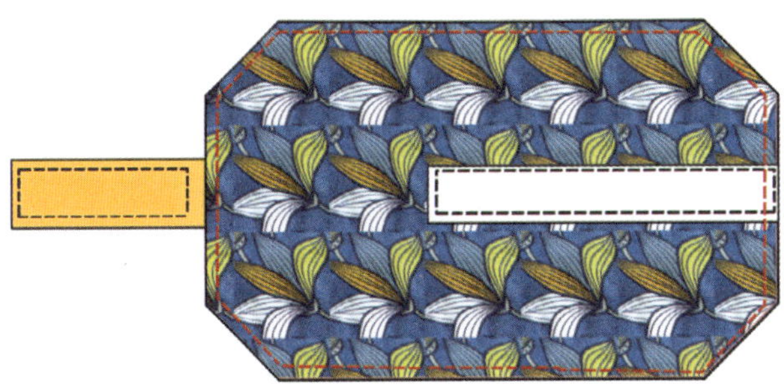

12

Faites ressortir les angles à l'aide d'une baguette, écrasez vos coutures et faites un rentré des marges de couture vers l'intérieur. Surpiquez tout le tour pour fermer votre emballage, au point droit à 2 mm du bord.

Charlotte pour plats

Plus besoin d'aluminium ni de plastique pour recouvrir vos plats : ces charlottes élastiquées en coton et coton enduit seront vos meilleurs atouts pour protéger vos aliments dans votre réfrigérateur ! Je vous propose de les coudre sur mesures pour les adapter exactement à la taille de vos plats.

NIVEAU 1 **2** 3

TEMPS DE CONFECTION *1heure 15* pour 1 charlotte

FOURNITURES

Pour coudre une charlotte pour plats, il vous faudra :

- **du coton enduit ou gabardine étanche du diamètre de votre plat + 20 cm**
- **du coton imprimé standard du diamètre de votre plat + 20 cm**
- **1 élastique plat de 5 mm de large : périmètre du plat - 20 % environ**
- **votre plat à recouvrir, ou la mesure de son diamètre**

L'ENTRETIEN DE LA CHARLOTTE POUR PLATS

Lavage

Tout dépend des tissus que vous avez utilisés : coton enduit ou gabardine étanche ? Le coton enduit n'aime pas la machine à laver, ce sera donc un lavage à la main, au savon de Marseille. La gabardine étanche passe à la machine à laver, à 30°C, mais il faudra penser à lui mettre un petit coup de fer pour lui rendre ses propriétés étanches après le lavage. Attention : utilisez le fer à température modérée !

Alternative couture

Et pour les plats carrés ou rectangulaires ? Procédez de la même manière que pour les ronds, arrondissez simplement les angles des coutures de votre tunnel.

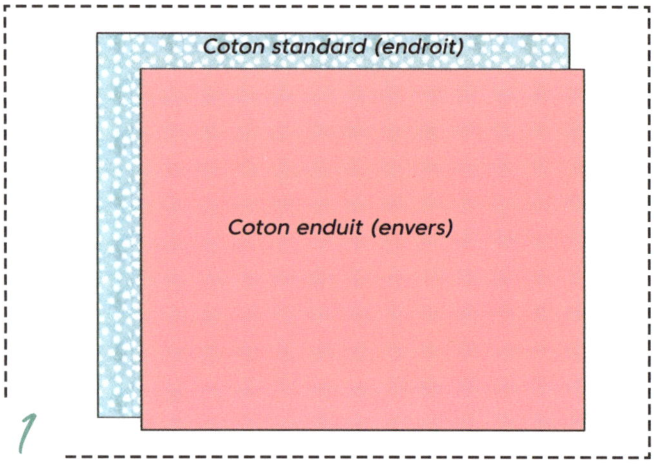

Placez les tissus comme suit : coton standard (endroit vers vous), coton enduit dessus (envers face à vous). Épinglez les tissus bord à bord pour qu'ils ne bougent pas.

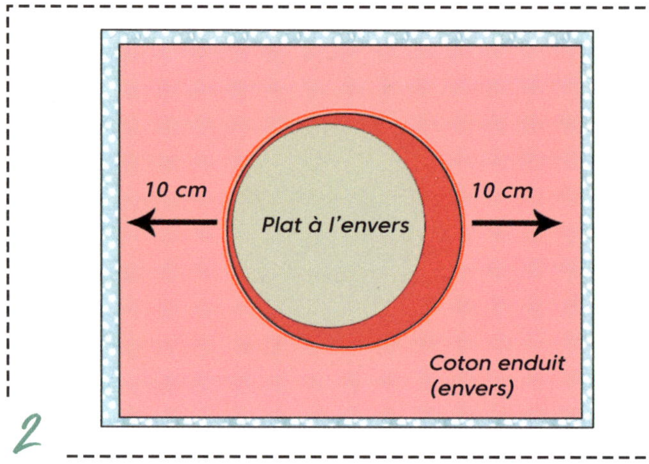

Prenez le plat et placez-le bien au centre de vos tissus, puis tracez son contour. Sinon, reportez simplement son diamètre puis tracez son périmètre sur votre tissu. Pour cela, votre coupon de tissu doit mesurer au moins 20 cm de plus que le diamètre de votre plat (10 cm tout autour).

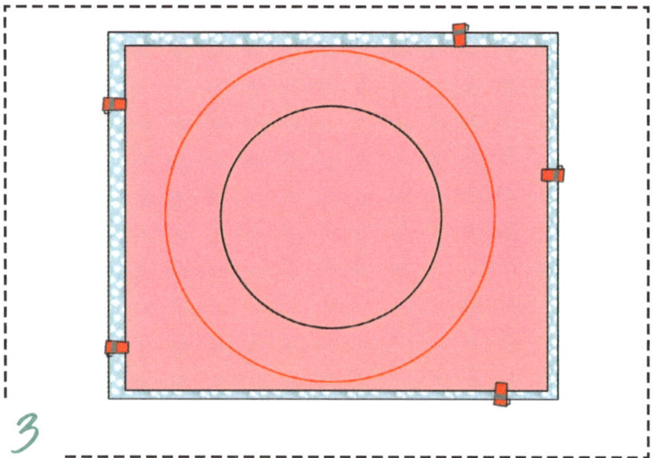

Tracez de petits repères à 10 cm à l'extérieur du 1er cercle, et reliez-les pour former un 2ème cercle plus grand. Utilisez des pinces pour épingler les tissus délicats

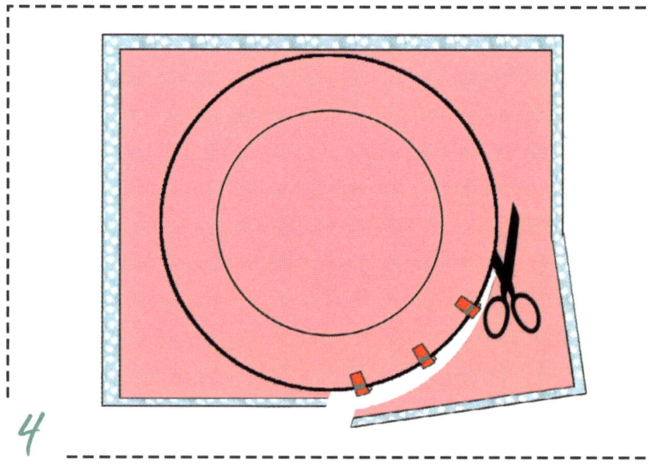

Découpez les deux tissus en même temps sur le contour le plus grand et épinglez les tissus au fur et à mesure de votre avancement.

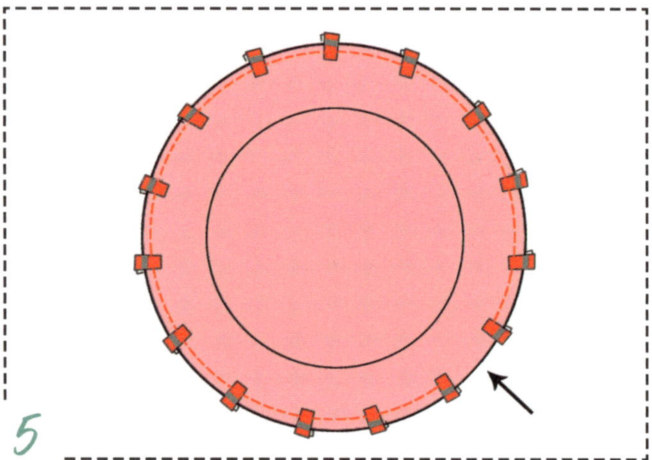

Piquez les tissus à 1 cm du bord sur tout le tour, laissez une ouverture de 6 cm pour retourner. Recoupez les marges de couture sauf au niveau de l'ouverture.

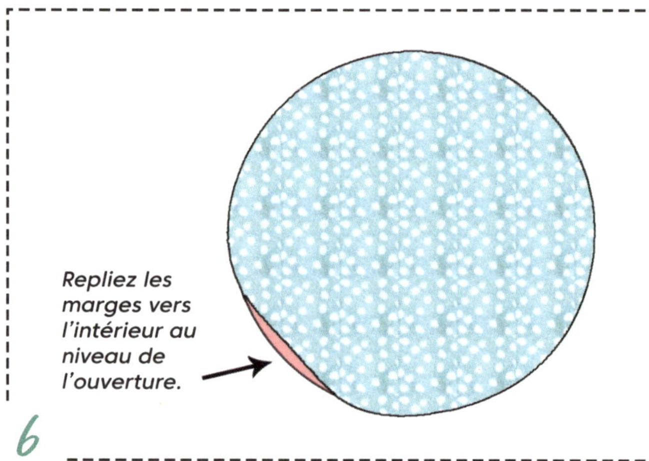

Retournez la charlotte sur l'endroit par l'ouverture, repliez les marges à l'intérieur et donnez un petit coup de fer pas trop chaud pour bien aplatir la couture.

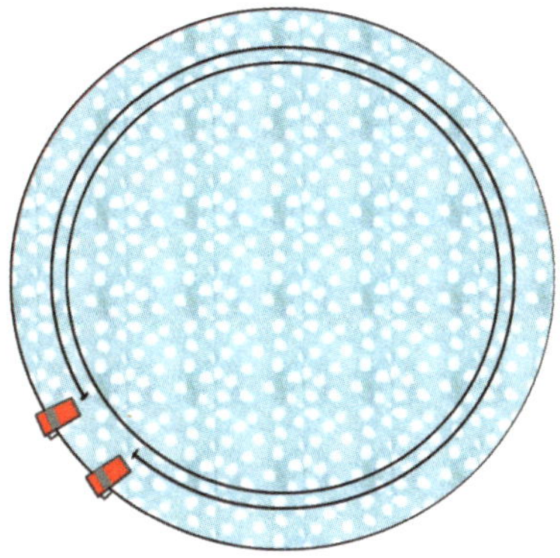

7

À l'aide d'un stylo effaçable au fer à repasser, tracez des repères à 3 cm et à 4 cm du bord de la charlotte. Reliez-les pour dessiner deux cercles concentriques qui formeront le tunnel pour l'élastique.

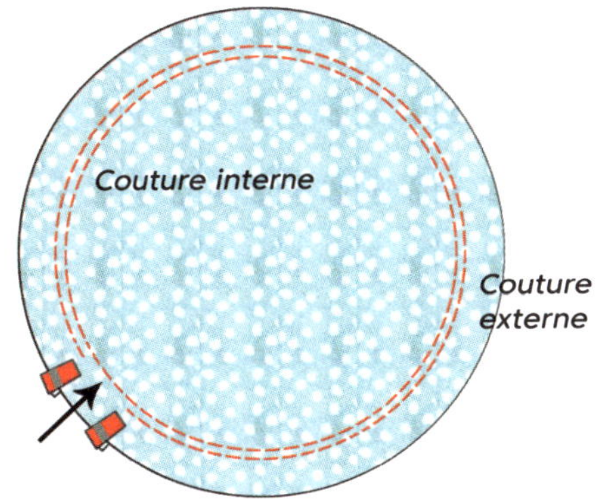

8

Piquez une première fois sur le trait le plus à l'intérieur du cercle. Fermez cette couture. Piquez la 2ème couture à l'extérieur (à 3 cm du bord) mais cette fois laissez une ouverture pour passer l'élastique.

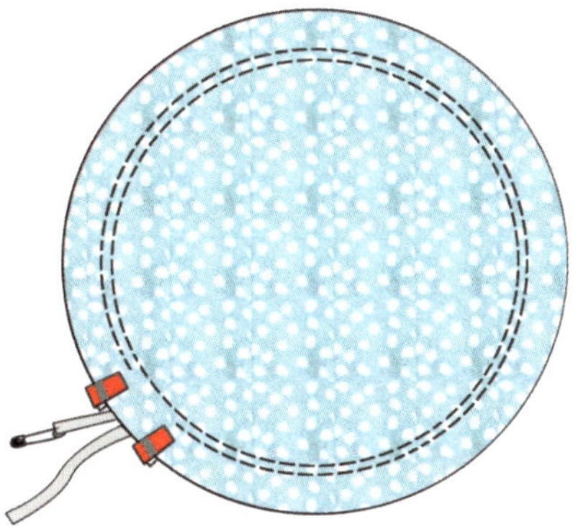

9

Périmètre = 2 x π (3,14) x Rayon du cercle

Calculez le périmètre de votre plat et enlevez 20 % à cette mesure : ce sera la longueur de votre élastique plat de 5 mm de large. Attachez une épingle de nourrice et passez l'élastique dans le « tunnel ».

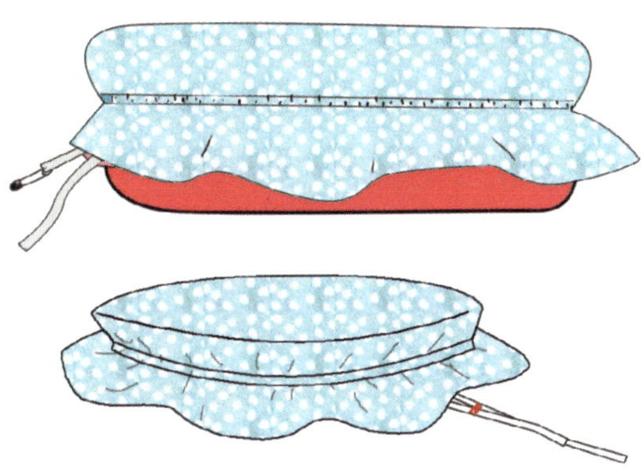

10

Mettez la charlotte sur le plat pour ajuster l'élastique (attention qu'il ne s'enfuie pas dans le tunnel !) puis tirez dessus pour bien le tendre. Fermez l'élastique à la machine, par plusieurs allers-retours au point droit.

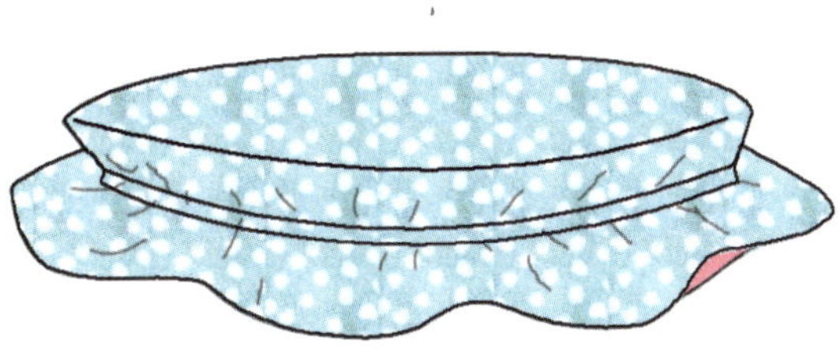

11

Recoupez l'élastique à 1 cm de votre couture, puis insérez-le dans son « tunnel ». Fermez l'ouverture du tunnel à la machine, sans oublier les allers-retours au début et à la fin de votre couture.

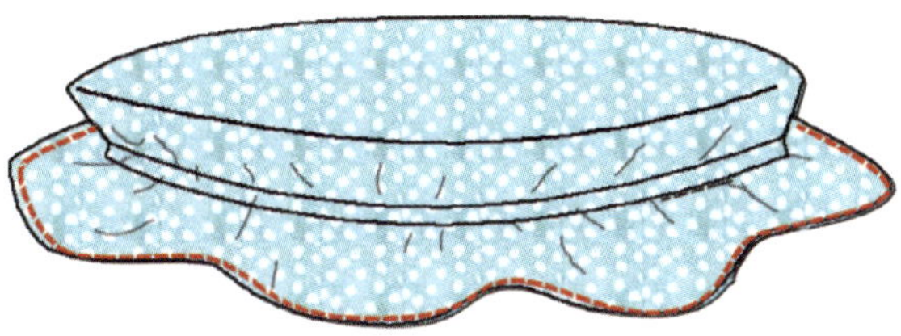

12

Surpiquez le tour de la charlotte pour la couture finale : piquez au point droit, tout près du bord.

Sac à lunch

Pour amener votre repas au travail, ce sac à lunch sera idéal : ni trop gros, ni trop petit, il contiendra votre sandwich (avec son emballage lavable, page 40), vos couverts, une petite gourde en inox... Il y a fort à parier que votre entourage veuille le même !

NIVEAU 1 **2** 3

TEMPS DE CONFECTION 2 heures 30 pour 1 sac

FOURNITURES

Pour coudre un sac à lunch, il vous faudra :

- **40 cm de coton imprimé en 110 cm de large pour le corps et la poignée**
- **40 cm de coton enduit ou de gabardine étanche en 110 cm de large pour la doublure interne du sac à lunch et la doublure du rabat**
- **20 x 20 cm de coton imprimé pour le rabat (partie extérieure)**
- **40 cm de molleton (ouatine) ou de molleton volumineux thermocollant H630 pour renforcer sa tenue**
- **12 cm de scratch doux (bouclettes) et 12 cm de scratch dur (crochets)**

GABARIT

Retrouvez le gabarit du sac à lunch page 63.

L'ENTRETIEN DU LUNCH BAG

Lavage
Votre sac à lunch peut être lavé à la main (un coup d'éponge savonneuse) si vous avez choisi de le coudre en coton enduit, ou à la machine à laver à 30°C si vous l'avez cousu en gabardine étanche (auquel cas un petit repassage à température mesurée réactivera ses propriétés imperméables après lavage).

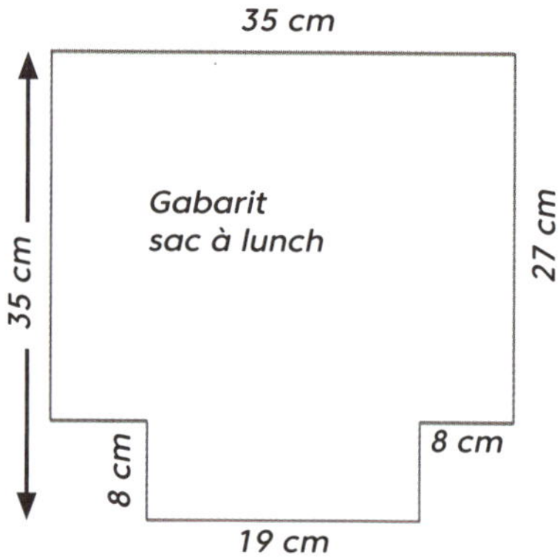

1

Tracez le gabarit du sac à lunch en suivant les indications ci-dessus. Notez que les gabarits sont donnés marges incluses (1 cm).

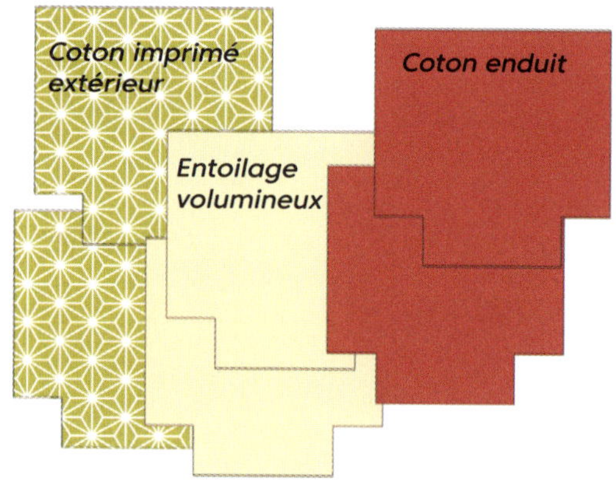

2

Tracez et découpez le contour du sac deux fois dans le coton imprimé, deux fois dans le coton enduit et deux fois dans l'entoilage volumineux H630.

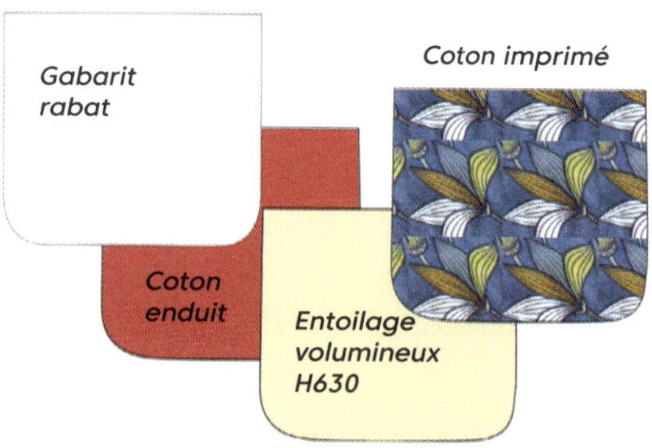

3

Recopiez le gabarit du rabat fourni page 63 et découpez-le une fois dans le coton imprimé, une fois dans le coton enduit et une fois dans l'entoilage volumineux H630.

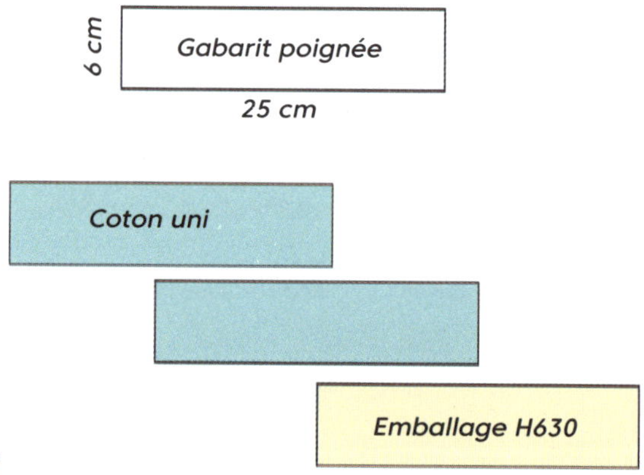

4

Tracez et découpez la poignée deux fois dans un coton assorti et une fois dans l'entoilage volumineux.

5

Entoilez l'envers des pièces en coton imprimé du sac, du rabat et de la poignée avec une pattemouille : mouillez un torchon, essorez-le et intercalez-le entre le fer et l'entoilage (côté rugueux contre l'envers de vos tissus à entoiler).

6

Épinglez les deux pièces de la poignée endroit contre endroit, et piquez les deux grands côtés à 1 cm du bord, au point droit. Retournez la poignée sur l'endroit par l'un des deux petits côtés restés non cousus.

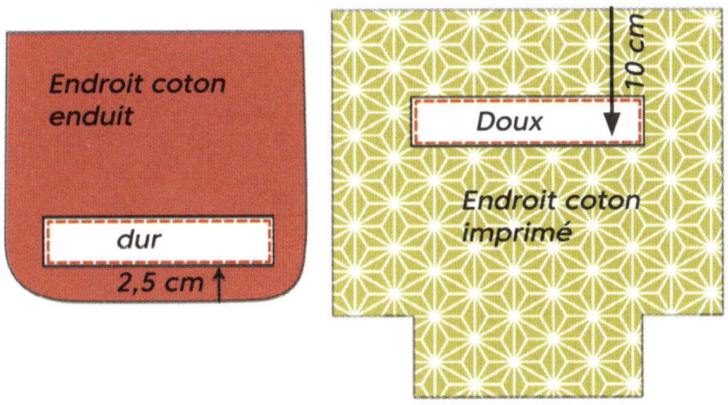

7

Prenez le rabat en coton enduit, et sur l'endroit, tracez un repère à 2,5 cm du bas arrondi. Placez votre scratch dur (12 cm) et piquez-le sur le repère. Cousez également le scratch doux à 10 cm du haut d'une des pièces du sac en coton imprimé (sur l'endroit).

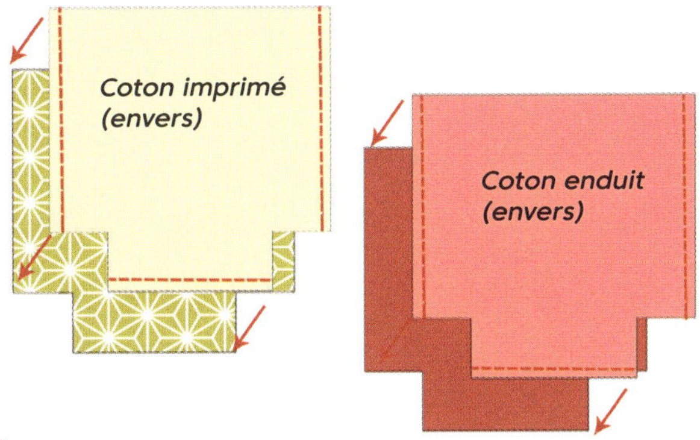

8

Assemblez les pièces du sac : les deux cotons enduits ensemble, et les deux cotons imprimés ensemble, endroit contre endroit. Épinglez et piquez trois côtés à 1 cm du bord.

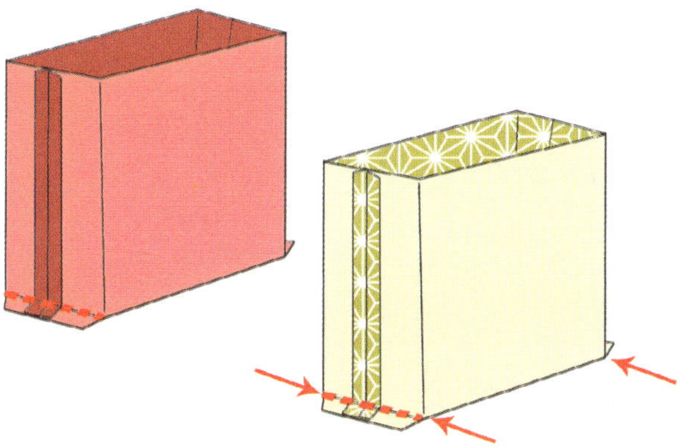

9

Pincez le bas pour faire coïncider les coutures de côté et celles du dessous. Piquez ce bec à 1 cm du bord, de part et d'autre, et dans les deux tissus différents (coton enduit et coton imprimé).

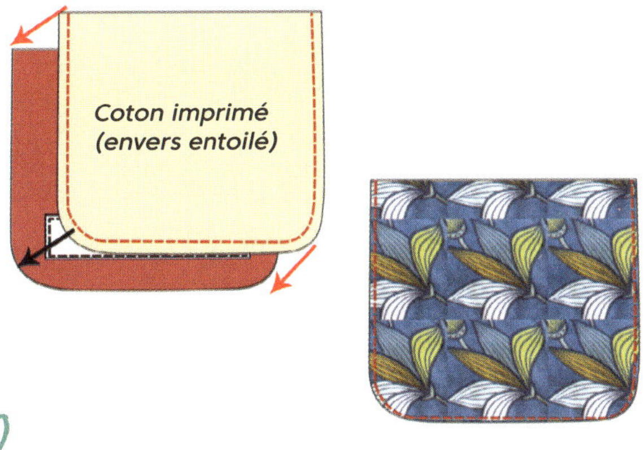

10

Épinglez vos rabats endroit contre endroit, et piquez la partie arrondie à 1 cm du bord (mais pas le haut rectiligne). Recoupez les marges aux ciseaux à cranter, et retournez sur l'endroit. Surpiquez près du bord.

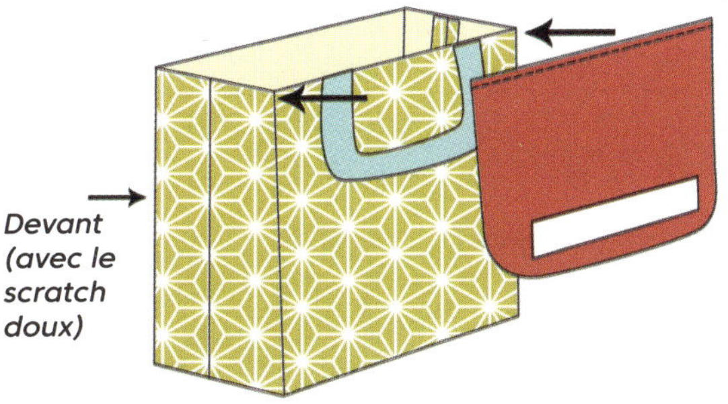

11

Placez la poignée pliée en deux comme ci-dessus à 4 cm de part et d'autre du centre, puis le rabat par-dessus, bien centré sur le dos. Fixez le tout par un point droit tout près du bord.

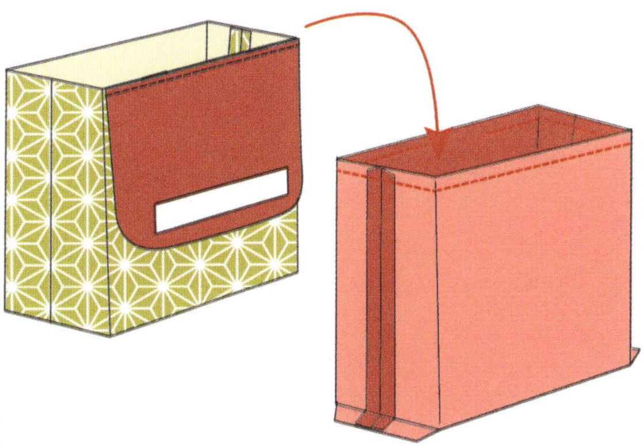

12

Insérez le sac en coton imprimé (sur l'endroit) à l'intérieur du sac en coton enduit (sur l'envers). Ils sont donc endroit contre endroit. Piquez le haut à 1 cm du bord, en laissant une ouverture devant pour retourner. Retournez sur l'endroit puis surpiquez tout le haut pour fermer, bien au bord.

Filtres à thé

Ces petits filtres lavables remplaceront avantageusement leurs homologues jetables : à vous les thés et tisanes parfumées en vrac (à conserver dans de jolies boîtes en métal ou des petits pots en verre) !

NIVEAU 1 2 3 | TEMPS DE CONFECTION *30 minutes* pour 1 filtre

FOURNITURES

Pour coudre un filtre à thé, il vous faudra :

- **25 cm d'étamine de coton (toile à beurre)**
- **60 cm de fil alimentaire ou en lin non traité (2 x 30 cm)**
- **une aiguille à laine, car elles ont un chas large pour passer le fil dans la coulisse**

GABARIT

Retrouvez le gabarit du filtre à thé page 63.

L'ENTRETIEN DU FILTRE À THÉ

Lavage
L'étamine de coton est un tissu très fin et fragile. Il faut donc le manipuler avec précautions au moment du lavage (à la main). Vous pourrez utiliser un savon type savon de Marseille et bien rincer. Lavez-le rapidement après utilisation pour éviter les tâches qui s'installent.

Conseils couture
Comme ce tissu est délicat, il faudra penser à installer une aiguille fine sur votre machine à coudre, type « standard » mais de taille 70 ou 80 maximum.

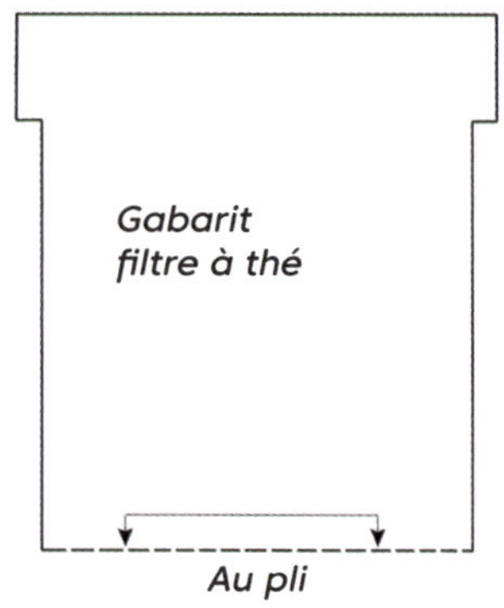

1

Recopiez le gabarit page 63. Il est fourni marges incluses (5 mm) et sera à placer au pli du tissu.

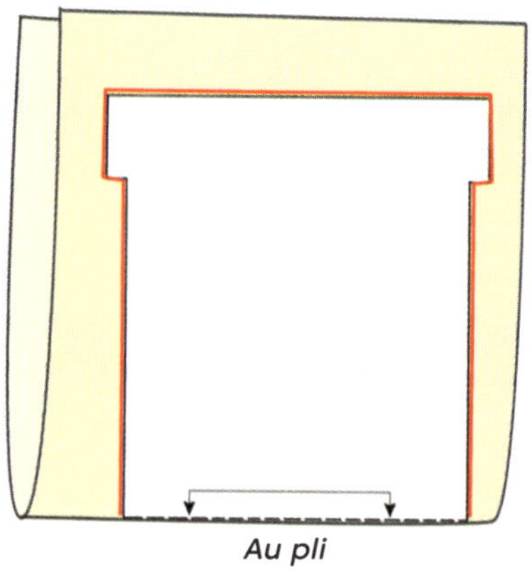

2

Placez le gabarit au pli du tissu (étamine de coton, appelée aussi toile à beurre). Tracez son contour et découpez en prenant les deux épaisseurs du tissu.

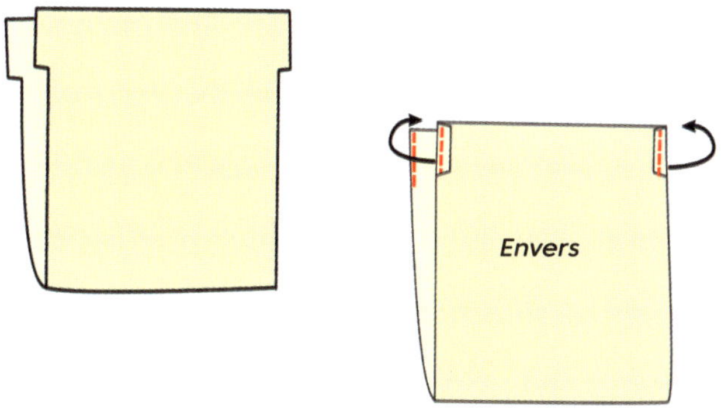

3

Repliez les petites ailettes vers l'envers, et piquez-les au point droit à quelques mm du bord pour les fixer. Faites ceci pour les quatre ailettes.

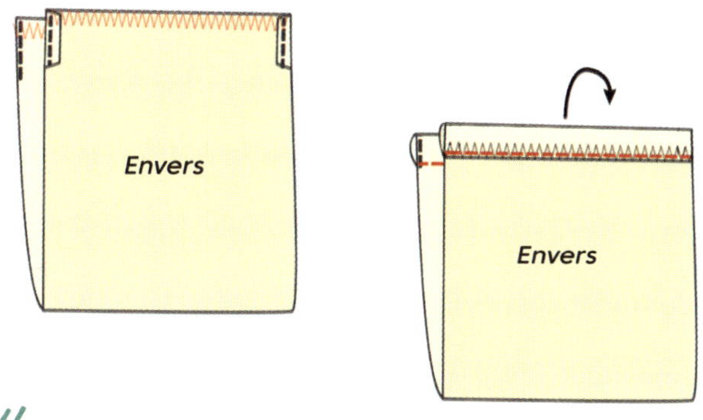

4

Surfilez le haut (les deux petits côtés) du filtre au point zigzag, tout près du bord. Repliez le haut sur 1 cm pour former une coulisse. Piquez à 8 mm du repli, sur la couture du surfilage.

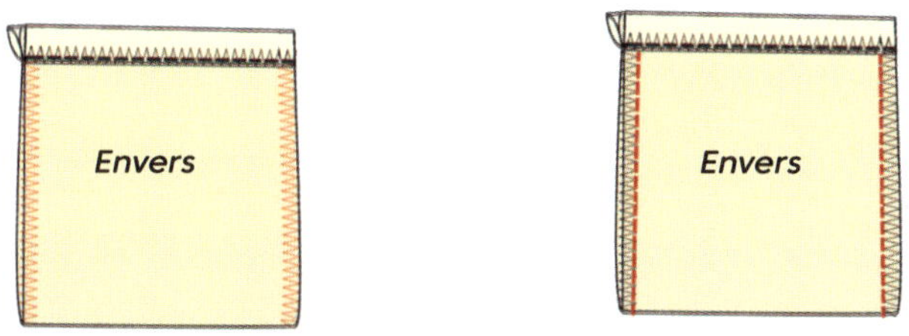

5

Surfilez au point zigzag les deux côtés verticaux ensemble, à droite et à gauche, jusque sous la coulisse. Piquez les deux grands côtés à 5 mm du bord au point droit à l'intérieur du zigzag jusque sous la coulisse pour bien fermer votre filtre afin de consolider le tout.

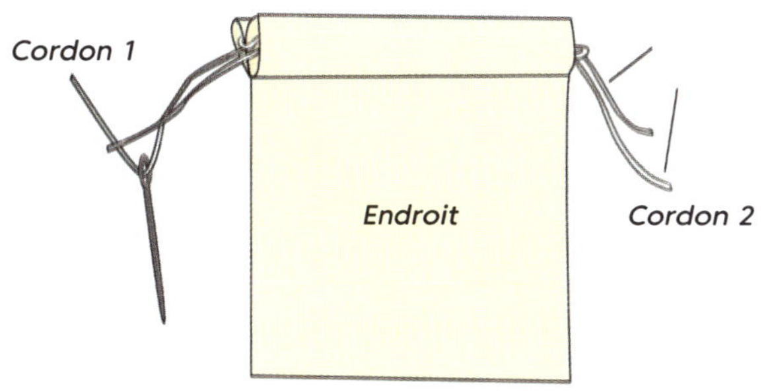

6

Retournez votre filtre sur l'endroit et enfilez les deux cordons dans les coulisses (comme pour le sac à vrac) à l'aide d'une aiguille à laine à chas large.

Filtres à café

Pour terminer cet ouvrage en beauté, voici les filtres à café. Ils ne sont pas seulement utiles, car avec leur biais décoratif, ils rendront votre pause café plus belle : amusez-vous avec tous les jolis biais proposés dans le commerce, ou encore mieux : fabriquez les vôtres avec votre tissu favori !

NIVEAU 1 2 3

TEMPS DE CONFECTION 30 *minutes* pour 1 filtre

FOURNITURES

Pour coudre un filtre à café, il vous faudra :

- 25 cm d'étamine de coton (toile à beurre)

- 35 cm de biais par filtre

GABARIT

Retrouvez le gabarit du filtre à café page 64.

L'ENTRETIEN DU FILTRE À CAFÉ

Lavage

Tout comme pour les filtres à thé, l'étamine de coton étant un tissu très fin et fragile, il vous faudra le laver à la main. Vous pourrez utiliser un savon type savon de Marseille et bien rincer. Bien entendu, avec le café, il faut s'attendre à ce que vos filtres se colorent de manière irréversible au fur et à mesure des utilisations. Est-ce si grave ? Ils restent beaux et efficaces !

Conseils couture

Attention, ce tissu est délicat, utilisez donc une aiguille fine sur votre machine à coudre, type « standard » mais de taille 70 ou 80 maximum.

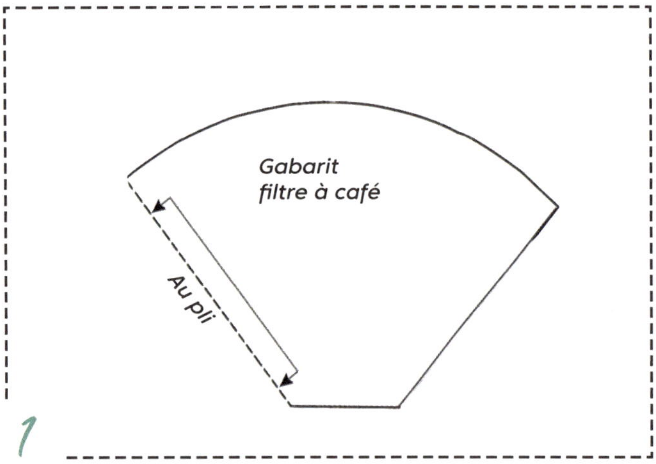

1

Recopiez le gabarit page 64 et notez qu'il est fourni marges incluses (5 mm) et qu'il sera à placer au pli du tissu.

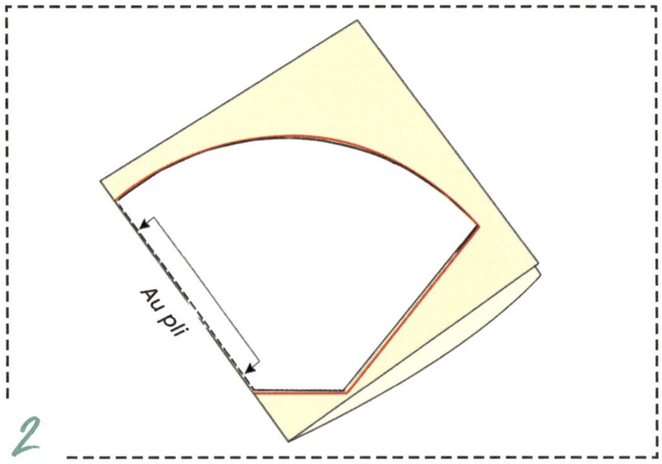

2

Placez le gabarit au pli du tissu (étamine de coton, appelée aussi toile à beurre). Tracez son contour et découpez en prenant les deux épaisseurs du tissu.

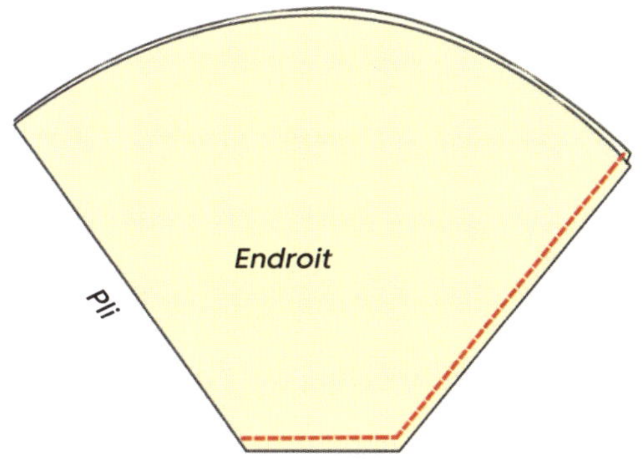

3

Épinglez votre tissu bord à bord, envers contre envers. Nous allons faire une couture anglaise. Piquez à 4 mm du bord sur les deux côtés opposés au pli.

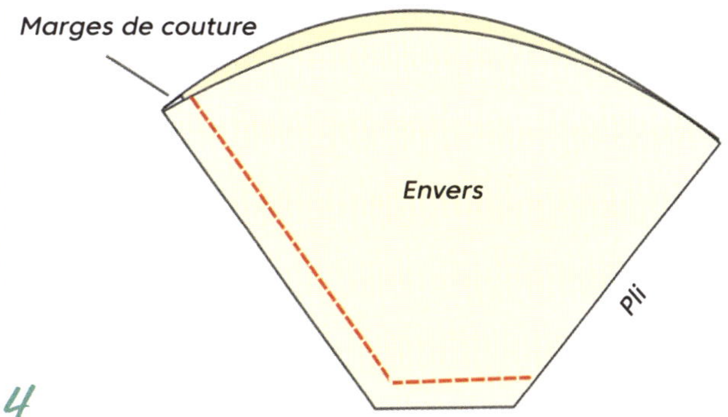

4

Recoupez légèrement vos marges de couture, crantez (coupez en biais) l'angle du bas, et mettez le tissu à l'envers. Nous allons enfermer les marges de couture dans une nouvelle couture.

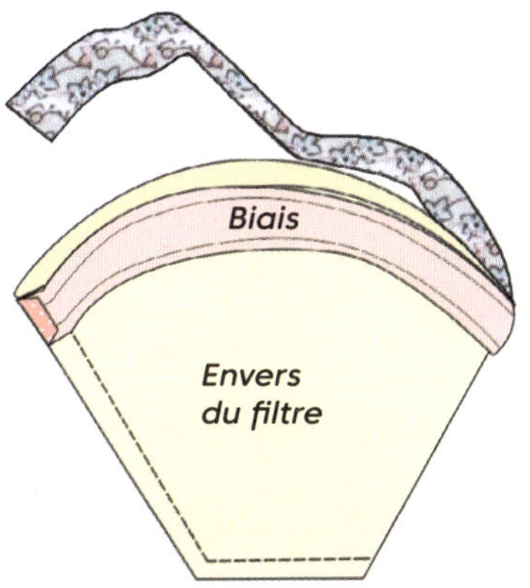

5

Épinglez le biais déplié endroit contre l'envers du filtre. Repliez sur l'extrémité du biais pour commencer à épingler. Faites une première couture à environ 5 mm du bord supérieur, en vous alignant sur le pli supérieur du biais, sur tout le tour du filtre : l'extrémité du biais recouvre le début.

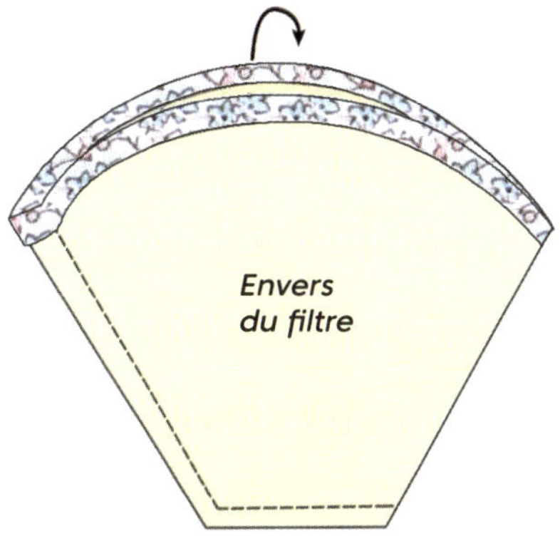

6

Faites passer le biais vers l'extérieur du filtre de manière à ce qu'il soit à cheval sur le bord. Veillez à ce qu'il dépasse plus vers l'intérieur, et épinglez. Piquez à nouveau le biais sur tout le tour, du même côté qu'à l'étape 5, au bord de la couture précédente. Vous attraperez l'autre côté dans votre couture. Allongez votre point droit.

Emballage sandwich
(page 40)

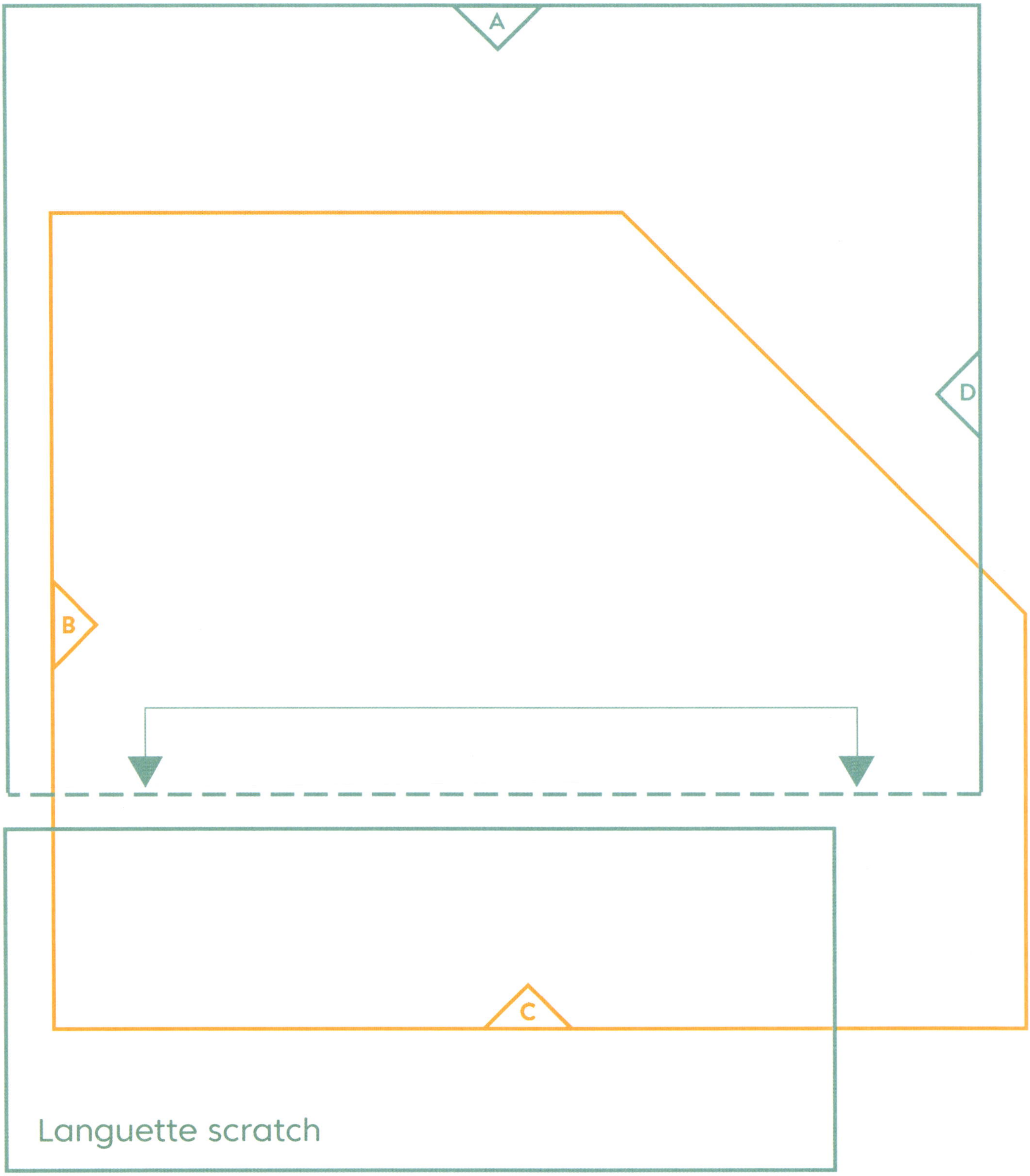

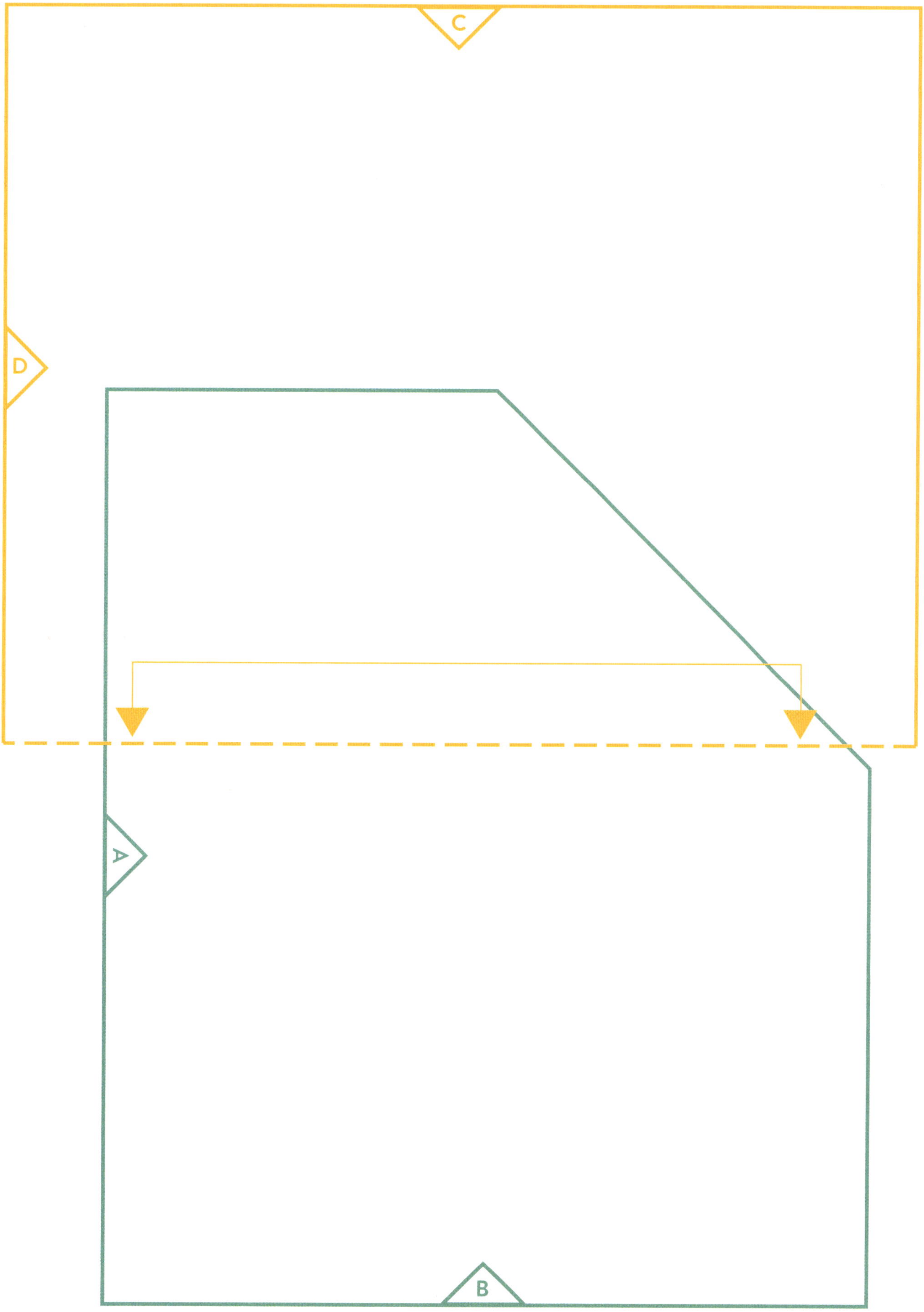
C
D
A
B

Sac à salade
(page 32)

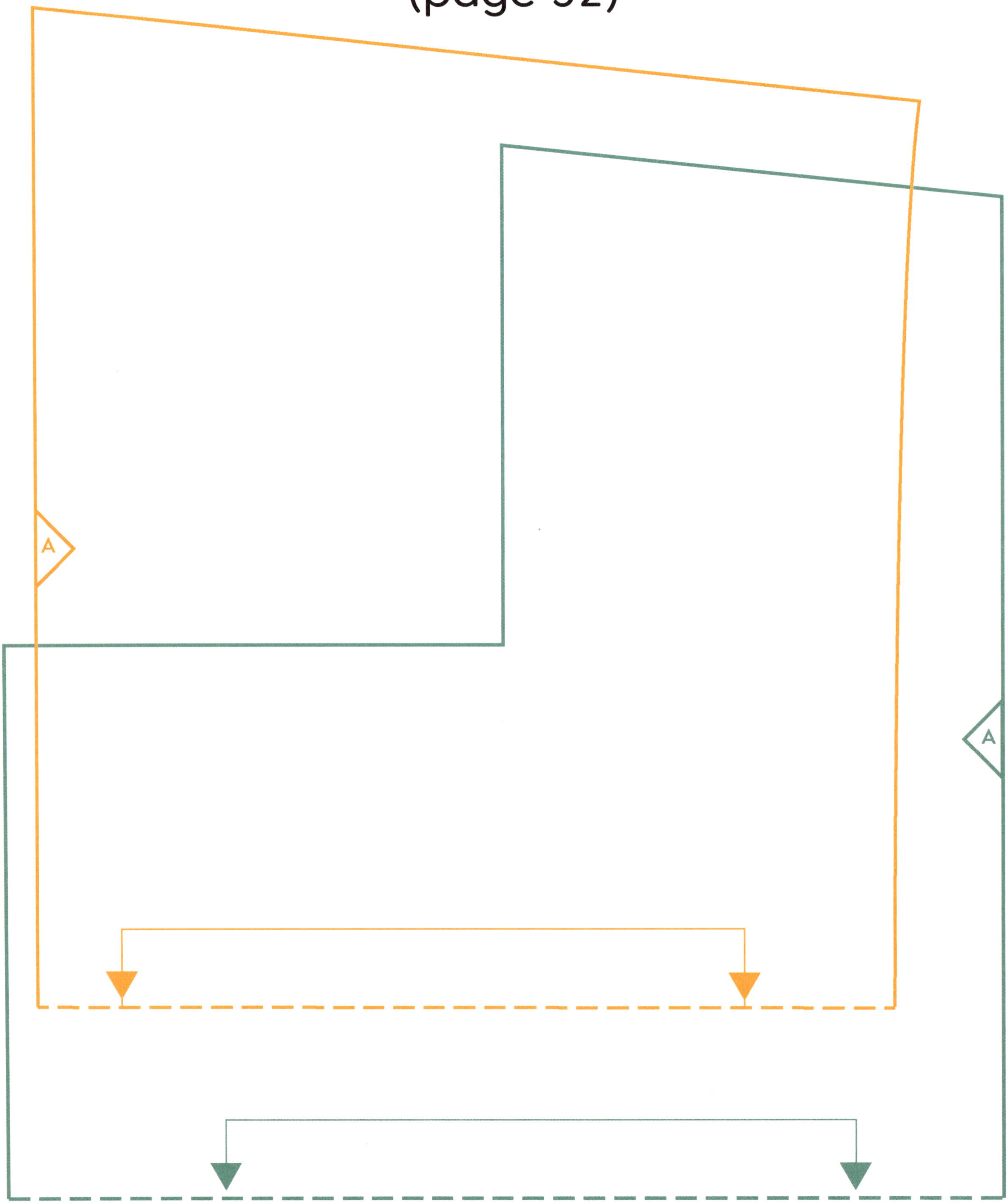

Sac à lunch (page 48)

Filtre à thé
(page 52)

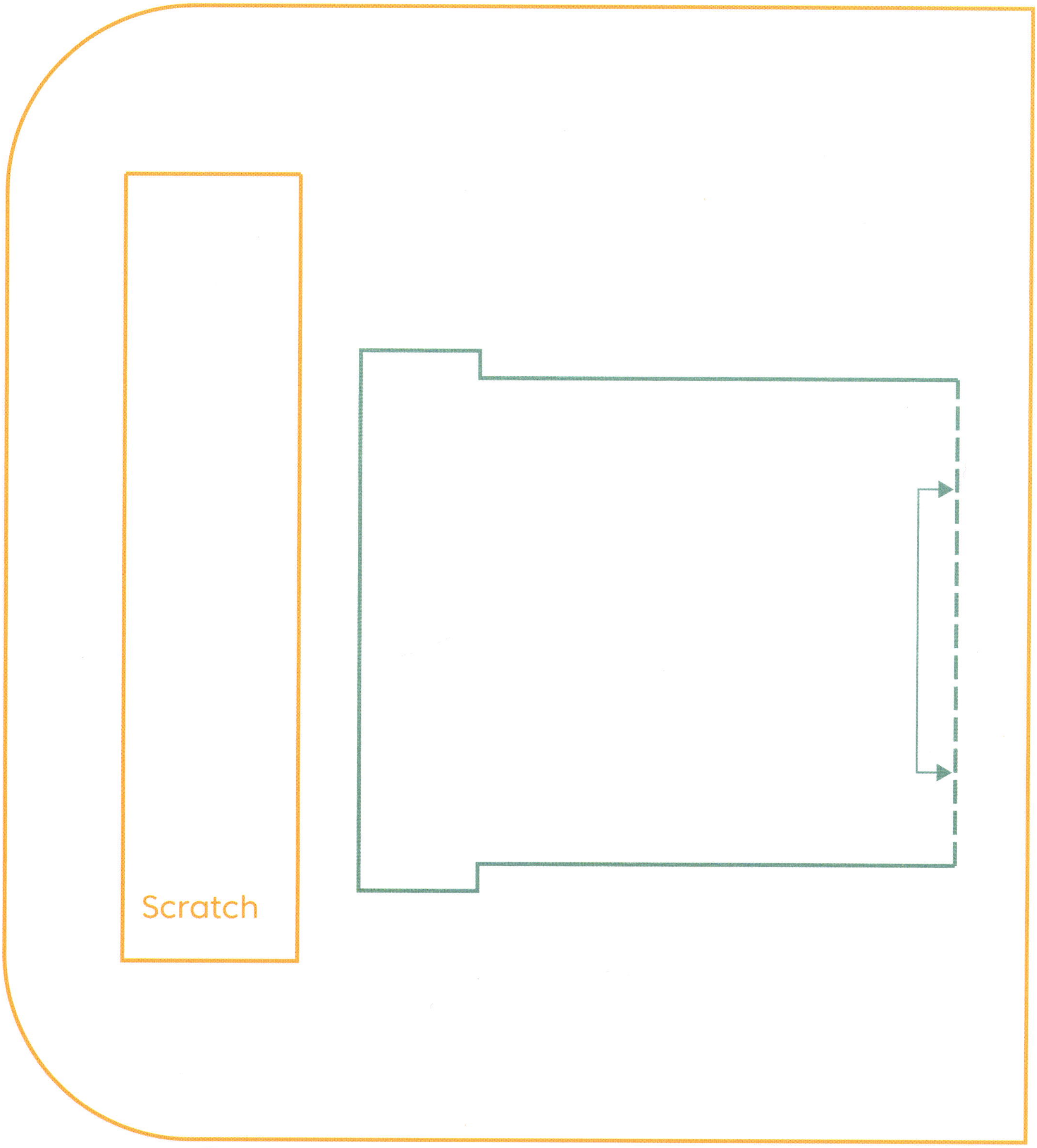

L'éditeur remercie L'étoile de coton pour les tissus.
www.mercerie-etoile.com

Filtre à café

(page 56)

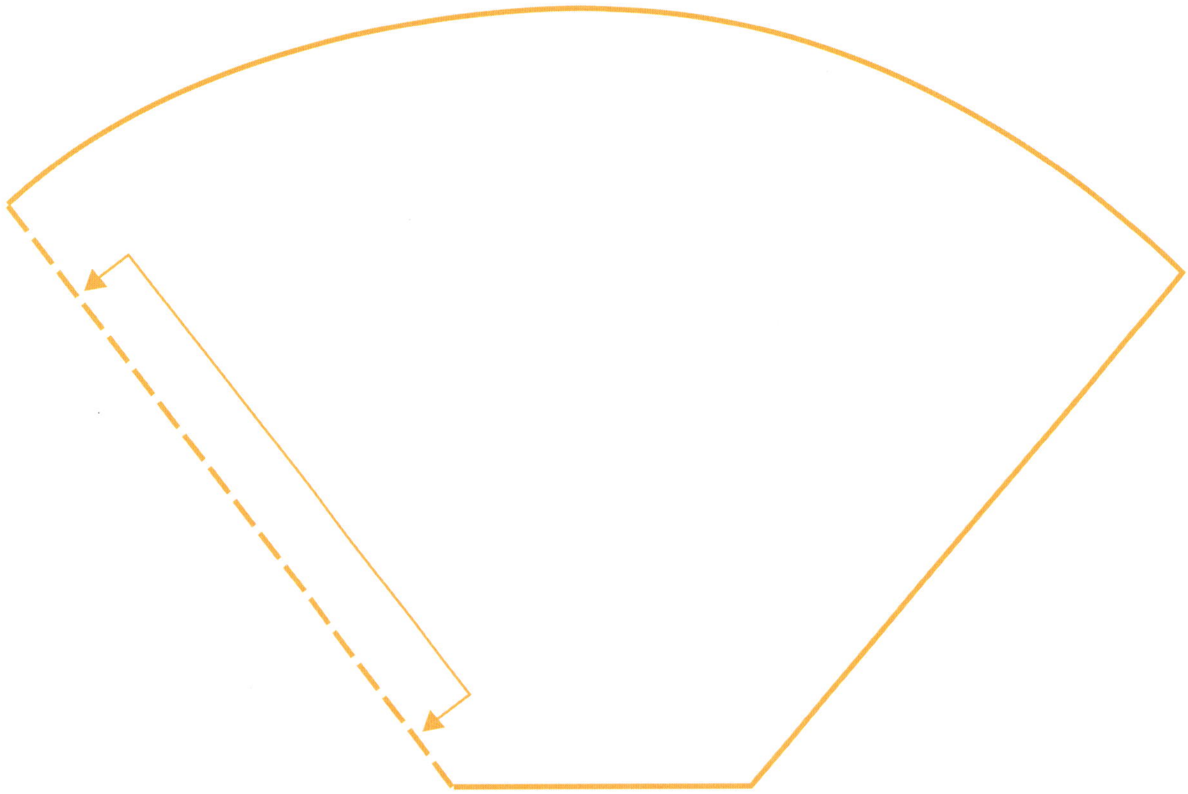

Prolongez votre démarche avec
Couture zéro déchet dans ma salle de bain

Cet ouvrage est imprimé sur papier certifié FSC® (Conseil de Soutien de la Forêt), produit à base de fibres de bois issues d'une gestion forestière écologiquement appropriée, socialement bénéfique et économiquement viable.
Les encres utilisées sont des encres végétales, garantissant la démarche de développement durable de l'éditeur et de l'imprimeur.

FSC
www.fsc.org
MIXTE
Papier issu de sources responsables
FSC® C112556

Direction : Guillaume Pô
Direction éditoriale : Tatiana Delesalle
Édition : Mélanie Jean
Direction artistique : Chloé Eve
Mise en pages : Vincent Fraboulet
Photographies : Fabrice Besse
Stylisme : Sonia Roy
Direction de fabrication : Thierry Dubus
Suivi de fabrication : Julia Mirenda
1re édition - N° d'édition : M20023
ISBN : 9782317024337
Code MDS : MN24337
Achevé d'imprimer en février 2020
par DZS en Slovénie

www.mangoeditions.com
Dépôt légal : février 2020